KB061261

역사와
책임

역사와 책임

한홍구 역사논설

한겨레출판

역사는 책임지는 사람들의 것이다

　　이 책은 2013년 12월 28일 〈한겨레〉에 청와대 비서실장 김기춘의 내력에 대해 쓴 글부터 2014년 12월 22일 〈한겨레〉에 통합진보당 해산과 관련하여 쓴 글까지 1년간 쓴 글 열 편을 모은 것이다. 시기적으로 보면 2012년 12월 19일 새누리당 후보 박근혜가 대통령에 당선된 후 2년 차에 해당하는 기간에 부정기적으로 쓴 글들이다. 이 1년간 정말 엄청나게 크고 중요한 일들이 있었다. 세월호 사건이 있었고, 통합진보당이 해산당했고, 전시작전권의 회수가 사실상 포기되었고, 또다시 조작 간첩 사건이 터졌다. 누구는 '유신 공주'의 등장으로 우리 사회가 유신 시대로 회귀했다고 그러고, 또 누구는 1958년 진보당 해산을 떠올리며 자유당 시절로까지 돌아갔다고 그랬다.

　역사학은 분명 과거를 다루는 학문이지만 역사학자가 서 있는 자리는 지금 이 순간 여기일 수밖에 없다. 많은 사람들에게 지난 1년은 참으로 힘든 한 해였다. 세월호 사건은 우리 역사에 '광주' 못지않은 충격을 안겨주게 될 것이다. 세계에서 배를 가장 많이, 가장 잘 만든다는 나라에서 대형 선박 사고가 발생했다. 그런데 우리는 300여 명이 고스란히 물에 잠기는 과정을 발을 동동 구르며 지켜보아야 했다. 국가는 단 한 명도 구조하지 않았다. 광주 때처럼 총칼을 휘둘러 사람을 죽인 것은 아니었지만, 국가가 단 한 명의 국민도 구조하지 못했다. 아니, 구조하지 못했는지 구조하지 않았는지 우리는 알 수도 없고 믿을 수도 없다. 어떻게 수백 명의 가족들이 절절하게 울부짖는데, 어떻게 수천만의 국민이 애타게 염원하는데 국가가 손 놓고 아무것도 하지 않았단 말인가? 30여 년 전 광주에서와 또 다르게 우리는 묻지 않을 수 없다. 도대체 국가란 무엇이란 말인가? 이 국가를 운영하는 사람들은 도대체 어떤 족속이란 말인가?

　세월호 사건은 나로 하여금 2004년 국정원 과거사위원회에 차출된 이래 한동안 미뤄두었던 5·16 군사반란 이전의 역사에 대한 관심과 책임을 다시 불러일으켜주었다. 김기춘에 대한 글을 쓸 무렵 나는 주변으로부터 독재 시기에 체제 유지를 위해 고문과 조작을 일삼은 자들의 행적을 담은 《독재인명사전》을 만들어야 하지 않느냐는 권유를 받고 있었다. 물론 나역시 작업 자체의 필요성에는 공감하지만 그 일을 '사전' 형태로 정리하는 것에는 강력히 반대했다. 《친일인명사전》을 만들

때에는 대부분의 친일파들이 이미 죽어버린 상황이었지만, 독재 시절 중요한 역할을 한 사람들은 당장 청와대 비서실장을 지낸 김기춘만 보더라도 살아 있는 권력자로서 기능하고 있었다. 독재의 편에 서서 헌법을 파괴하고 민주주의를 말살한 자들의 명단이야 언젠가는 사전 형태로 정리되어야 할 일이다. 그러나 지금 당장 사전을 목표로 자료 정리를 시작하는 것은 독재 세력 출신들이 오늘의 민주주의를 파괴하고 있는 엄중한 현실에 비추어볼 때 한가한 일이 아닐 수 없었다. 그래서 나는 김기춘 등 과거 독재 체제에서 중요한 역할을 수행했으면서 지금도 핵심적인 또는 상징적인 지위에 있는 사람들을 중심으로 사전이 아닌 '열전'을 만들 준비를 막 시작한 참이었다. 이 책에 실린 "김기춘뎐(傳)"은 그런 작업의 필요성과 가능성을 나 스스로 확인해보기 위한 작업이기도 했다.

이 작업을 준비하면서 나는 작업의 범위를 5·16 군사반란 이후로 한정하고 있었다. 우선 내가 국정원 과거사위원회에 있었던 터라 과거사와 관련하여 박정희 집권 이후 시기를 주로 다뤘고, 또 예산과 인력이 부족한 가운데 이 일을 하려면 현실적으로 대상 시기를 좁게 잡지 않을 수 없었던 것이다. 그러나 세월호 사건은 나의 이런 편의주의를 여지없이 깨뜨려버렸다. 세월호에서 선장이라는 이준석이 속옷 바람으로 탈출한 것을 보며 음습한 '기시감'을 떨쳐버리지 않을 수 없었다. 많은 사람들이 저렇게 무책임한 놈은 처음 봤다고 입을 모았지만, 도올 김용옥 선생께서 〈한겨레〉 2014년 5월 3일 자 특별기고 "가만히 있지 말라"에서 통렬히 질타하신 바와 같이 이승만이 한강 다리 끊고 도망간 짓은 이준석보다 훨씬 더 무책임한 행위라 아니할 수 없다. 어디 그뿐이었으랴. 이준석이야 남은 인생 대부분을 감옥에서 죗값을 치르며 보내야 하겠지만 다리 끊고 도망갔던 이승만은 아무 일도 없었던 듯 돌아온 뒤 피난 못 간 자들을 '부역자'라고 쥐 잡듯이 몰아쳤다. 그 앞잡이들이 바로 김창룡, 노덕술 등 친일파였다. 1949년 반민특위의 좌절이나 백범 김구의 암살은 단지 예고편일 뿐이었다. 다리 끊고 도망간 이승만과 그가 칼자루를 맡긴 친일파들이 자행한 예비검속, 보도연맹 학살, 부역자 처벌, 공비 토벌 과정에서의 학살 등 다양한 민간인 학살이 바로 우리 현대사의 비극의 정점이었다. 그리고 이 순간이 바로 세월호의 죽음의 항로가 시작된 시점이기도 했다.

과연 무엇이 달라졌을까? 대한민국이 세계에 자랑하는 민주화 운동은 친일파 민족 반역자들이 독립운동가들을 빨갱이로 몰아가며 지배해온 현실을 얼마나 변화시켰을까? 여전히 대한민국에서 가장 센 권력을 가진 자들은 공안 세력이다. 해방 후 악명을 떨친 서북청년단은 재건을 선언하고 나섰다. 서북청년단 재건을 주도한 자들은 서북청년단원이었던 안두회가 백범 김구를 저격한 것을 '의거'라고 미화하며 나서고 있다. 과연 민주화 운동은 아무것도 바꾸지 못한 것일까? 아니, 바뀐

것도 좀 있다. 김창룡, 노덕술 등 옛 공안 세력의 우두머리들이 군복을 입고 설쳤다면, 현 공안 세력의 수장 김기춘은 군복 대신 양복을 입고 다니니 '문민화'가 된 셈이다. 다리 끊고 도망갔던 이승만은 국민들에게 사과하라는 국회 의장과 부의장의 권고를 묵살하고 버텼지만, 세월호 사건 때 단 한 명도 구하지 못한 박근혜는 눈물까지 흘리며 사과해야 했다. 우리 민주화 운동이 이룩한 성취가 딱 요만큼이었다. 그러니 세월호 사건이 터지는 것이다. 민주화를 여기에서 멈출 수 없다. 자라나는 아이들에게, 다가오는 후대에게 보다 나은 대한민국을 물려주어야 할 책임이 우리에게 있다.

다리 끊고 도망갔던 자들이 돌아와 부역자 처벌을 통해 확립한 것이, 민주화에도 불구하고 지금까지 이어지는 공안 권력이다. 그 공안 권력의 수장이 이 책의 4부에서 다룬 김기춘이고, 김기춘이 비서실장에 임명된 뒤 벌어진 일이 이 책의 2부에서 다루고 있는 간첩 조작과 3부에서 다루고 있는 내란음모와 통합진보당 해산이다. 3부의 첫 글 "각하들도 피하지 못한 내란의 추억"은 이석기 내란음모 사건의 1심 판결을 앞두고 쓴 글이고, 2부 "간첩의 역사, 조작의 역사"에 실린 세 편은 2014년 3월 22일 자 〈한겨레〉 토요판이 국정원에 의해 조작된 '서울시 공무원 간첩 사건'을 계기로 신문 전체를 간첩 이야기로 꾸밀 때 기고한 글이다. 3부의 두 번째 글 "제헌헌법과 진보적 민주주의"는 이석기 내란음모 사건의 항소심에 증인으로 갔다 온 뒤 그 증언 내용을 정리한 것이고, 3부의 세 번째 글은 헌법재판소의 통합진보당 해산 결정 직후 이를 비판한 것이다. 5부는 박근혜 정권이 전시작전권 환수 포기를 선언했을 때 만주군 출신 박정희도 전시작전권 회수를 추진했다는 사실을 상기시키기 위해 급히 쓴 글이다.

6부 "어제의 야당"은 2014년 7월 30일 보궐선거에서 야당이 예정된 참패를 한 직후에 벌어진 토론회에서 발표한 글이다. 정식으로 매체에 기고한 것은 아니었지만, 아주 뜨거운 인사를 여러 곳에서 받았다. 그러나 발표 며칠 후 박영선 파동이 나며 뜨거운 인사를 보냈던 이들도 글을 쓴 나 자신도 새정치민주연합에 대한 기대도 관심도 다 잃어버리는 상황이 발생하고 말았다. 그래도 그 당에 남아서 무언가를 해보려는 분들께 조금은 참고가 될까 싶어 수록했다.

이 책에 실린 열 편의 글 중 두 편만 빼고는 모두 〈한겨레〉에 실린 것이다. 〈한겨레21〉에 "한홍구의 역사 이야기"를 연재할 때도 한 편의 분량이 적지 않았지만, 이 책에 실린 글들은 사안이 사안이다 보니 길어지지 않을 수 없었다. 대부분 신문 두면 이상을 차지하는데도 선뜻 지면을 내준 고경태 토요판 에디터와 김이택 편집국장 등 여러분께 고마운 마음을 전한다. 또 산만한 원고를 정리하여 책으로 묶어준 한겨레출판의 이기섭 대표와 정회엽 편집자께도 감사를 드린다.

한때 2017년 정권 교체를 호언했던 민주노동당과 통합진보당은 사라졌고, 새정치민주연합은 이 책 6부에서 비판한 내용을 조금도 벗어나지 못하고 있다. 변화를 바라는 대중들은 그 어느 때보다도 우리 주변에 널려 있지만, 대중들이 마음을 실을 곳이 없는 형편이다. 해방 후의 역사만 보더라도 세월호보다 더 끔찍하고 광범위한 참사를 당한 것이 여러 번이었다. 대통령이라는 자가 다리 끊고 도망가고 선장이라는 자가 혼자서 속옷 바람으로 도망쳐도, 기관장, 항해사, 갑판장 등속이 다 무책임하게 도망쳐도 대한민국호가 여기까지 올 수 있었던 것은 우리 시민 대중들이 간직한 숨은 복원력 때문이다. 믿을 것은 우리 자신밖에, 우리 자신들이 만들어온 역사밖에 없다. 호흡을 길게 가져야 한다. 세월호 사건 이후 아마 백 번도 훨씬 넘게 강연을 다니면서 세월호 사건의 역사적 뿌리에 대해, 세월호 사건을 통해 본 한국 현대사에 대해 목이 터져라 외치고 다녔던 말로 머리말을 마치고자 한다. "우리가 믿을 것은 우리 자신에 내재한 이 복원력밖에 없다. 더 이상 대한민국호를 책임지지 않는 자들, 위기의 순간에 무엇을 해야 할지 모르는 자들에게 맡겨둘 수 없다. 살아남은 자의 슬픔을 간직한 이들이 움직여야 한다. 역사는 책임지는 사람들의 것이다."

2015년 3월
견지동에서

차례

1

세월호,
역사 그리고
책임

자기들이 보수라고 자처하는 한

국의 지배층은 사실 보수가 아

니다. 보수라면 응당 공동체에

대해 책임질 줄 알아야 한다. 한

사회를 유지하고자 하는 세력을

보수라 한다면, 보수는 사회 유

지를 위해 마땅히 맡은 바 책임

을 다해야 하는 것이다.

세월호는 우리에게 준엄한 물음을 던진다. 책임이란 무엇인가? 역사 앞에서 책임을 진다는 것은 무엇인가? 속옷 바람으로 도망치는, 어처구니없는 선장의 모습이 낯설지 않다. 저 기막힌 모습을 우리는 역사의 굽이굽이에서 많이 보아왔다. 어쩌면 저 징글징글한 모습을 되풀이해서 또 보게 될는지도 모른다. '세월호의 악마'라 불린 선장은 어느 날 갑자기 하늘에서 뚝 떨어진 것이 아니다. 우리의 역사 속에 세월호의 악마보다 더하면 더했지, 결코 덜하지 않은 악마들이 너무도 많았다.

세월호 사건이 있기 아홉 달 전에 우리 사회는 태안 앞바다에서 해병대 캠프에 참가했던 고등학생 5명이 파도에 휩쓸려 숨지는 비극을 겪었다. 불과 두 달 전에는 경주에서 리조트 체육관이 붕괴하여 대학생 10명이 숨지는 비극을 겪었다. 이런 사전 경고음에도 불구하고 세월호라는 사고가 또다시 터지니 참담하고 황망하기 짝이 없다. 시간이 지나면 앞의 사고들이 그랬던 것처럼 세월호도 잊혀버리는 것일까? 22년 전 서해 페리호 사건에서 우리는 무엇을 배운 것일까? 사고가 터지면 그때만 이것저것 대책이 난무할 뿐, 곧 또 다른 사고가 망각의 함정에 빠진 우리를 덮쳐온다. 책임져야 할 사람들의 무책임, 끼리끼리 해먹는 '해피아', 인명 경시, 안전 불감증…… 하나하나의 진단이 잘못된 것은 아니다. 진짜 문제는 이런 문제들이 서로 얽히고설켜 있어 어디서부터 손을 대야 할지 막막하다는 점이다. 한국 현대사는 이 모든 모순과 비리와 문제점이 서로 밀어주고 끌어주고 당겨주며 형성되어온 과정이다. 혁명을 통해 단칼에 얽힌 매듭을 끊는 것이 불가능하다면, 고통스럽지만 찬찬히 우리가 풀어야 할 문제들이 얽혀온 과정을 돌아보아야 한다. 세월호 사건 이후 많이 이야기된 것이지만, 1950년 6월 북한군의 전면 공세 이후 대통령 이승만이 서울을 버리던 무렵으로 돌아가보자.

가만있으라 세월호에, 가만있으라 서울에

세월호 선장 이준석이 그랬던 것처럼 이승만은 북한의 공격으로 함락 위기에 빠진 수도 서울에서 제일 먼저 달아난 사람이었다. 전쟁이 발발하면 점심은 평양에서, 저녁은 신의주에서 먹겠다던 호언과는 달리 국군은 속수무책이었다. 육군군사연구소에서 펴낸 《6·25 전쟁의 실패 사례와 교훈》에서도 인정하는 바와 같이 "최초부터 승산도 없이 무모하게 감행된" 의정부 반격 작전이 실패로 돌아가자 인민군의 서울 입성은 시간 문제가 되었다.[1] 1950년 6월 27일 새벽 1시에 소집된 비상국무회의에서는 서울 시민의 피난에 대한 계획은 세우지 않고 수원 천도를 결정했다. 새벽 3시, 국군통수권자 이승만은 경무대를 떠나 피난길에 올랐다. 이승만을 태운 특별열차는 수원에 멈추지 않았다. 새벽 5시에 대전을 통과하여 오전 10시, 대구에 도착했다.[2] 누군가가 "각하, 너무 많이 오셨습니다"라고 진언한 게 틀림없다. 국방 장관 신성모도 이승만이 수원으로 돌아오길 간절히 바랐다. 평양이 아니라 대구에서 점심을 드신 이승만은 기차를 돌려 대전으로 돌아왔다. 그리고 그날 저녁, 장거리 전화로 서울의 중앙 방송국을 연결해 "유엔에서 우리를 도와 싸우기로 했으니 국민들은 안심하라"는 내용의 방송을 녹음했다. 한국방송(KBS)은 이 방송을 인민군이 서울을 점령할 때까지 내보냈다고 한다.[3] 이승만은 방송에서 자신이 대전에 내려와 있다는 사실을 고백하지 않았기 때문에 많은 시민들은 그가 자신들과 함께 서울에 머무르고 있는 것이라고 착각했다.

방송만이 아니었다. 신문도 잘못된 정보를 쏟아내고 있었다. 6월 27일 자 〈동아일보〉는 "국군 정예 북상 총반격전 전개"라는 제목으로 국군이 황해도 해주시를 완전히 점령했다고 보도

했고, 같은 날짜 〈경향신문〉도 "아군의 용전"에 괴뢰군이 전 전선에서 패주 중이라며 해주시에 돌입한 국군이 상륙을 기도 하는 소련 배를 격침시켰다는 근거 없는 보도를 했다. 〈조선일 보〉는 6월 28일 자 조간에 "국군이 의정부를 탈환"했다며 "장 (하다)! 전면적으로 일대 공세"라고 썼다.

이승만과 언론이 시민들에게 잘못된 정보를 마구 보내고 있 을 때 한강 다리 폭파가 준비됐다. 6월 28일 새벽 2시 30분경 육군 총참모장 채병덕 일행이 한강 인도교를 지난 직후 육군 공병감 대령 최창식은 한강 다리의 폭파를 명령했다. 시민들 에게 안심하고 생업에 종사하라고 해놓고 자기들만 빠져나간 뒤 다리를 끊어버린 것도 참으로 문제지만, 정말 있을 수 없는 일은 폭파 당시 한강 다리에 피난민이 가득 있었다는 점이다. 다리를 가득 메운 피난민과 차량은 꽝 하는 소리와 함께 온데 간데없이 사라졌다. 증언에 따르면 그 일대에는 피바다 위에 살점들이 엉겨 붙고, "피투성이가 되어 쓰러진 사람들이 다리 밑바닥을 박박 긁으며 어머니를 부르고 있었다"고 한다. 다리 위에 몇 명이 있었는지 알 수 없고 시신을 수습한 것도 아니니 도대체 몇 명이나 억울한 죽임을 당했는지 알 수 없지만, 관련 자들은 적게는 500명, 많게는 800명이 목숨을 잃은 것으로 추 정하고 있다.[4]

전쟁이 발발했을 때 대통령이 피난 갈 수 있다. 왕을 잡으면 끝나버리는 장기(將棋)처럼 남북 정권이 수립된 지 채 2년이

등짐을 진 피난민들이 1950년 한국 전쟁 당시 국군에 의해 폭파된 한강 철교 옆에 임시로 놓인 부교 위를 건너고 있다.

안 된 상황에서 대통령이 잡히면 모든 것이 끝나버릴 위험이 있었다. 그러니 먼저 피할 수도 있었을 것이다. 꼭 스탈린(Iosif Vissarionovich Stalin)처럼 모스크바 코앞까지 진출한 독일군의 포성 속에서 크렘린 궁전에 버티고 앉아 방어전을 지휘하는 게 능사가 아닐 수도 있다. 대통령이 피난 갈 때 100만이 넘는 서울 시민 모두와 함께 가는 것은 당연히 불가능하니 알리지 못하고 빠져나가는 궁색한 상황에 이를 수도 있다고 치자. 배수진을 치고 장렬하게 전사할 것이 아니라면 급하게 도망가며 다리도 끊을 수 있다고 치자. 그러나 다리를 끊을 때도 법도가

있고, 버려진 서울 시민들을 다시 만날 때도 예의가 있는 법이
다. 짐승이 아니라 인간이라면.

최창식과 채병덕, 이승만의 희생양들

9월 15일 새벽에 인천 상륙 작전이 이루어지고 서울 탈환이
임박하자 이승만 정부 내에서는 환도 후 어떻게 서울 시민과
대면하느냐는 문제가 제기되지 않을 수 없었다. 이승만 정권
은 희생양을 찾았다. 한강 다리 폭파의 현장 책임자였던 스물
아홉 살의 젊은 대령 최창식이었다. 인천 상륙 작전이 감행된
바로 그날, 임시 수도 부산에서 열린 계엄고등군법회의는 최
창식에게 국방경비법 27조의 '적전비행죄'를 적용하여 사형
을 선고했다. 최창식은 자신이 명령에 따랐을 뿐이라고 항변
했지만 소용이 없었다. 판결문은 최창식의 한강 인도교 폭파
로 막대한 차량과 군인이 추락하고, 파손되지 않은 차량 장비
와 군수 물자는 적에게 노획되고, 수만 병력이 도강을 하지 못
하는 혼란이 발생했다며 모든 책임을 최창식에게 돌렸다. 당
시 법무사로 참여하였던 전 법무부 장관 고원증에 따르면 국
방 장관은 재판을 빨리 끝내려고 호통을 쳤고, 재판에는 "서울
시민의 감정에 영합하는 의도가 작용"했다고 한다.[5] 9월 21일,
사형 판결이 판결심의회에서 확정된 직후 부산 교외에서 최창
식에 대한 사형이 집행되었다.[6]

한강 다리 폭파와 관련된 또 다른 중요 인물인 채병덕도 최창식에 앞서 의문의 죽음을 당했다. 채병덕은 전쟁 발발 직후인 6월 30일, 초기 패전의 책임을 지고 총참모장에서 해임되어 경남지구 편성군 사령관으로 밀려났다. 경남지구 계엄 사령관을 겸했다고는 하지만, 휘하 병력은 1개 대대 정도에 지나지 않았다 한다. 채병덕은 7월 24일에 국방 장관 신성모로부터 한 통의 편지를 받았다. 귀하는 서울을 잃고 중대한 패전을 당하여 책임이 매우 무거운데, 지금 적이 전남에서 경남으로 향하고 있으니 이를 막기 위해 선두에 서서 독전하라는 내용의 편지였다. 바꿔 말하면, 죽음으로 패전의 책임을 갚으라는 것이었다. 이 편지를 받고 사흘 후 채병덕은 '전사'했다고 발표되었다.[7]

그의 죽음을 놓고 여러 가지 증언이 갈리지만 영미권에서 한국 전쟁에 관한 고전적인 대중서인 페런바흐(Theodore Reed Fehrenbach)의 《이따위 전쟁This Kind of War》에 의하면 채병덕은 7월 27일 하동 고개에서 미 군복을 입고 오는 한 무리의 군인들과 맞부딪쳤다. 채병덕이 "어느 부대냐?"고 외치자 그들은 채병덕을 향해 총탄을 퍼부었다.[8] 채병덕의 부관은 덩치가 큰 그의 시신을 간신히 끌고 와 차에 실었다.[9] 당시 채병덕의 죽음을 둘러싸고 온갖 소문이 난무했다. 일설에 의하면 채병덕은 뒤에서 날아온 총알에 맞았다고도 한다. 채병덕의 뒤를 이어 총참모장이 된 정일권의 회고록에 따르면, 내무 장관 조병옥은 "채병덕 장군이 애석하게 전사했어도 뒷이야기가 이러쿵저러쿵 많은 것"은 그가 적의 탱크가 미아리 문턱까지 왔는데 "걱정 말라, 걱정 말라" 하다가 "수많은 서울 시민들을 지금 생지옥에 갇혀 있게 해"버렸기 때문이라고 말했다고 한다.[10]

육군 총참모장을 지낸 최고위 인사가 용감하게 싸우다 전사했다면 한국 전쟁사에 크게 기록될 일이지만, 채병덕의 죽음은 한국 측 전사(戰史)에 크게 기록되지는 않는다. 반대로 만약 인민군이 채병덕을 사살한 것이라면 북쪽 입장에서 국군 최고 지휘관을 사살했다고 그들의 전사에 대서특필할 일이지만, 이북의 《조선인민의 정의의 조국해방전쟁사》에서는 1975년에 간행된 일본 주간지를 인용하면서 일본의 '부르주아 군사 전문가'들도 하동 전투를 "이해할 수 없는 수수께끼 같은 전투"라 평한다는 사실만을 지적했을 뿐이다.[11] 남쪽이나 서방의 각종 자료와 증언에 의하면 채병덕은 현장에서 즉사한 것으로 되어 있다. 그러나 〈부산일보〉 1950년 7월 30일 자는 군 당국의 발표에 의거하여 채병덕의 '전사'를 보도하면서 채병덕이 "임종의 순간"에 국방 장관 신성모에게 "적을 전멸시키지 못하고 죽는 것은 통한한 일이나 용감한 장병들은 나의 뒤를 이어 위대한 유엔 총사령관의 지휘하에 최후의 승리를 얻을 것으로 믿는다"는 유언을 남겼다고 쓰고 있다.[12] 한강 다리 현장의 공병감 최창식과 총참모장 채병덕, 국방 장관 신성모를 거쳐 이승만으로 이어지는 한강 다리 폭파의 명령 체계는 이렇게 진즉 그 중간고리가 끊어져버렸다.

거룩할진저, 그 이름은 '남하'한 애국자로다

이승만은 서울에 돌아올 때 시민들에게 머리 숙여 사과했을까? 세월호 사건 후 박근혜 대통령은 비록 옆구리 찔러 절 받기였지만 유가족과 시민들의 거센 분노에 못 이겨 몇 차례 사과를 했다. 그러나 이승만은 꿈쩍도 하지 않았다. 다리 끊고 도망친 직후 이승만을 따라온 신익희, 장택상, 조봉암 등 국회 의장단은 충남 도지사 관저에 머물고 있는 이승만을 찾아가 대국민 사과문 발표를 권유했다. 그러자 이승만은 팔을 벌리는 제스처를 써가며 "내가 당 덕종이야?"라는 한마디로 사과를 거부했다고 한다.[13] 당 덕종은 반란을 진압한 뒤 백성들이 난에 휩쓸린 것은 자신의 잘못 때문이라고 사과한 바 있다. 이승만을 대신해서 사과한 것은 전쟁 발발 이후 각종 방송에 대한 책임을 맡은 국방부 정훈국장 이선근이었다. 9·28 서울 수복 일주일 후인 10월 5일에 가서야 이선근은 수도 서울에 입성하매 감격보다 비분이 앞선다며 적 치하에서 서울 시민이 받은 곤욕에 대해 송구하다고 사과했다.[14]

다리 끊고 거짓 방송하고 도망친 일이 어디 일개 국장의 사과로 끝날 일인가. 정부 대변인 명의의 담화문은 적의 침략으로 "국도 서울이 누란의 위기에 봉착"하자 "창황망조하지 않을 수" 없게 되었다면서 "대통령 각하를 위시하여 각원 전부가 옥쇄"하려 하였지만 "40년 동안 종노릇하다가 모처럼 찾은 나라를 만회해보려는" 마음으로 부득이 서울을 떠나게 되었다고 변명했다. 이 담화문은 "정부가 서울을 떠남에 있어 서울 시민에게 큰 죄를 진 것은 사실"이고 "한강 철교 폭파가 비록 군사적 불가피한 처사라 할지라도 폭파에 있어 연락 기타 조치가 충분치 못했음은 천만 유감"이라며 "이 모든 문제에 있어 서울 시민께는 무엇이라 사과할 길이 없고 다만 죄송스럽기만 합니다"라고 끝을 맺었다.[15]

이것이 끝이었을까? 이승만 정권은 정훈국장 이선근이 서울 시민에게 인사했던 것처럼 "그동안 괴뢰군의 박해 속에서 민족정기를 수호하신 여러 민족 지도자와 지하에서 구국항쟁을 지도하신 청년 동지들에게 전 감격을 쏟아서 경의를 표하여"[16] 마지않았을까? 강을 건너 도망쳤다 돌아온 '도강파'가 서울에 남아야 했던 '잔류파'에게 돌려준 것은 사과도, 위로도 아닌 서슬 푸른 '부역자 처벌'이었다. 당시 언론을 보면 잠복한 붉은 개들을 적발하는 것이 긴급하다면서 "정실과 관용과 누락이 절대 있을 수 없다"고 강조했다. 언론은 "왕성한 적개심으로" 부역자들을 "우리 손으로" "엄중 처단" 해야 한다고 부르짖었다.[17] 그러나 인천 상륙에서 서울 탈환까지 거의 2주가 걸렸는데 엄중 처벌받아야 할 부역자들이 여전히 서울에 남아 있을 리가 없었다. 진짜 부역자라고 불릴 만한 자들은 후퇴하는 인민군을 따라 북으로 올라갔고, 남아 있는 사람들이라고 해봐야 총 든 자들이 와서 짐 나르라니 짐 나르고 집회 나와 만세 부르라니 만세 부른 그런 사람들이었다. 전쟁 당시 서울에 남았던 서울대학교 사학과 교수 김성칠은 일기에서 "악질들은 제 한 깐이 있으니까 미리 다 도망"해버리고 "나는 악질로 굴지 않았으니 나쯤이야" 하고 마음 놓고 있던 사람들만 잡혀가서 경을 쳤다고 썼다.[18]

부역자 처벌은 일부 극우 세력에게는 엄청난 재산 축적의 기회이기도 했다. 오죽했으면 서울 수복 3주가 안 되어 계엄 사령관이나 헌병 사령관이 부역자 처벌을 빙자하여 살인과 고문을 자행하고 재산을 약탈하고 부녀자들을 겁탈하는 악질 도배들을 철저히 소탕하겠다는 담화를 발표했을까. "허무맹랑한 사실로써 선량한 시민을 악질 부역자로 날조하여 이를 처단케함으로써 그들의 가산 기타 금품을 탈취하려는 부류"가 아주 많았기 때문이다.[19] 정부는 이를 '일부 청년 단체'의 간부와 성원들의 일탈로 몰고 가려 했지만, 못된 짓을 한 것은 그들만이 아니었다. 외신들은 이와 같은 만행이 경찰과 군에 의해 자행되고 있다는 사실을 연일 보도했다. 이에 내무 장관 조병옥은 "해외에서 발간되는 상당수의 신문지 또는 잡지에 대한 경찰을 극도로 비난하는 기사가 게재"되고 있다면서 비인도적인 고문을 금지하고 "부녀자는 불구속 취조"를 원칙으로 하라고 지시했다.[20] 부역자로 끌려간 사람들 중에는 여성들도 많았는데 이들을 가두어놓고 온갖 못된 짓을 자행했기 때문이다.

김성칠은 일기에 이렇게 썼다. "어리석고도 멍청한 많은 시민(서울 시민의 99퍼센트 이상)은 정부의 말만 듣고 직장을 혹은 가정을 '사수'하다 갑자기 적군을 맞이하여 90일 동안 굶주리고 천대받고 밤낮없이 생명의 위협에 떨다가 천행으로 목숨을 부지하여 눈물과 감격으로 국군과 유엔군의 서울 입성을 맞이하니 뜻밖에 많은 '남하'한 애국자들의 호령이 추상같아서 '정부를 따라 남하한 우리들만이 애국자이고 함몰 지구에 그대로 남아 있은 너희들은 모두가 불순분자이다' 하여 곤박이 자미하니 고금천하에 이런 억울한 노릇이 또 있을 것인가!" 김성칠은 그날의 일기를 "거룩할진저, 그 이름은 '남하'한 애국자로다"라는 탄식으로 마무리했다.[21]

이것은 적반하장의 극치였다. 전향자들의 단체인 보도연맹을 관리했던 대표적인 공안 검사 정희택 역시 피난을 가지 못하고 서울에 숨어 있어야 했다. 그는 인민군에게 잡히면 살아남을 수 없는 처지였기에 땅굴을 파고 권총을 몸에 지닌 채 77일을 쪼그려 있었다고 한다. 간신히 살아남은 그는 정부가 환도하자 지팡이를 짚고 법무 장관 이우익에게 인사를 갔다. 장관이 살아 돌아온 정희택을 보자마자 한다는 소리가 "이제부터 잔류파에 대해서는 부역 여하를 막론하고 수사해서 재판에 회부한다"는 것이었다. 정희택은 분노를 참을 수 없어 지팡이로 장관의 책상을 내리치며 "수도를 사수하겠다고 거짓말을 하고 애국 시민을 유기한 채 도망간 자는 누구인가. 당신들이야말로 한강의 남쪽 강가에서 잔류 시민들에게 사과하고 허가를 얻은 후에 들어왔어야 했다"고 외쳤다고 한다.[22] 이승만의 거짓 녹음 방송에 앞서 서울 사수를 호소하는 즉흥시를 생방송으로 내보냈던 모윤숙도 피난을 가지 못했다. 모윤숙은 9월 30일 경무대에 가서 이승만을 만나자 분한 생각이 가슴에 북받쳐 넥타이를 붙잡고 대롱대롱 매달리다시피 하며 "할아버지, 도대체 나를 부려먹고 막판에는 방송을 시키고 혼자만 살려고 피난 가기예요?" 하고 바락바락 악을 썼다고 한다.[23] 이렇게 대통령 넥타이에 매달리고 장관 책상을 지팡이로 후려치기라도 할 수 있었던 것은 그들이 당대 최고의 우익 인사였기 때문이다. 이도 저도 아닌 사람에게는 가혹한 처벌이 기다리고 있었다.

앞줄 사형, 뒷줄 무기

다리 끊고 도망갔다 기세등등하게 돌아온 자들에게 도대체 몇 명이나 목숨을 잃었는지는 알 길이 없다. 부역자 처벌 과정에서 재판 없이 학살당한 사람의 숫자를 가늠할 길도 없고, 형식적이지만 재판 과정을 거쳐 사형 판결을 받고 형이 집행된 사람의 숫자도 알 수가 없다. 법무부가 국회에 제출한 자료에 따르면 정부 수립 이후 마지막으로 사형이 집행된 1997년까지 사형당한 사람은 군 관련 사건 120명을 포함하여 모두 919명이라고 되어 있다.[24] 아마도 대한민국 정부가 제시하는 통계 중에서 가장 엉터리 통계일 것이다. 이 자료에서 한국 전쟁 이전과 전쟁 기간 중의 통계는 전혀 믿을 것이 못 된다. 한국 전쟁 이전만 하더라도 1948년 11월 20일과 21일 이틀 동안 고등군법회의에서 무려 280명에게 사형이 선고되었다는 정부 발표가 있었고, 이 중 50명이 1차로 11월 27일 대전에서 처형되었다는 것이 신문 기사로 확인된다.[25] 부역자 처벌 과정에서는 9·28 서울 수복에서 1·4 후퇴 사이의 중간쯤에 해당하는 1950년 11월 25일 자 〈동아일보〉 기사에 사형이 언도된 부역자가 867명이고, 이 중 이미 사형이 집행된 사람은 161명에 달하는 것으로 되어 있다. 〈부산일보〉 11월 27일 자에는 11월 24일에 322명의 공산당 협력자에 대한 형 집행이 있었다고 되어 있다. 12월 11일 자 주한 미 대사관 〈한국 정부의 부역자 처리에 관한 보고〉에 따르면 11월 8일까지 합동수사본부에 체포된 1만 7,721명 중 민간법정에서 사형이 언도된 사람은 353명, 계엄군법재판에서 사형이 언도된 사람은 713명, 중앙고등군법회의에서 사형이 언도된 사람은 232명이었다.[26] 오죽했으면 "앞줄 사형, 뒷줄 무기"라는 말까지 나왔을까.

이 숫자는 어디까지나 사형을 언도받은 사람들에 대한 중간 집계일 뿐이다. 부역자 처벌 과정에서 최종적으로 몇 명이 사

이승만 대통령(앞줄 왼쪽에서 두 번째)이 1952년 7월 거제도 포로수용소를 방문해 반공 포로들의 환영을 받고 있다. 사진 출처 〈대한민국 정부 기록사진집 제1권〉.

형선고를 받았고, 실제로 몇 명에게 집행되었는지는 알 수 없다. 당시 영국군이 한국 정부의 잔인한 사형 집행에 대해 문제를 제기하여 집행이 중단된 일도 있었다. 1950년 12월 19일, 영국 29여단 야영지에서 한국군이 구덩이를 파고 그 위에서 뒤통수에 대고 총을 쏘는 '잔인하고 범죄적인 방식'으로 사형을 집행하는 것을 보고 영국 장교들이 이를 중단시켰다고 한다. 모두 58명이 총살당할 예정이었는데 영국군의 개입으로 20명만 총살당하고 나머지는 서대문 형무소로 돌아갔다는 것이다. 영국 공사는 총살 책임자를 군법회의에 회부할 것을 요구하여 약속을 받았고, 이들에 대한 재심이 있을 때까지 모든 처형을 연기하라고 요구하여 이들의 처형이 연기되었다.[27] 한국 정부의 잔인하고 과도한 사형 집행이 외교적인 문제를 야기하자 이승만 정권은 일부 부역자에 대하여 특사령을 내렸지만, 그 대상은 주로 "반민족 비인도적 행위로써 기소를 받은 자 중 10년 이하 유기형의 판결 언도를 받은 자"였기 때문에 얼마나 많은 사형수들이 목숨을 구할 수 있었는지는 알 수 없다.[28] 《한국경찰사》 제2권에 의하면 인민군 치하 3개월간에 걸친 부역자 중 검거 15만 3,825명, 자수 39만 7,090명으로 총 55만 915명의 부역자가 처리되었다.[29] 이들과 그 가족들은 두고두고 연좌제의 굴레를 벗어나지 못했다.

양심 없는 자들은 한몫 볼 수 있는 기회로 여기고 부역자 처벌에 열을 올렸지만, 최소한의 양심을 가진 사람이라면 누가 누구에게 돌을 던질 수 있는가를 고민하지 않을 수 없었다. 당시 서울지방법원 판사로서 부역자 처벌 재판을 하지 않을 수 없었던 유병진은 《재판관의 고민》이라는 저서에서 부역자 재판의 문제점을 생생하게 지적했다. 조금 길지만 유병진의 고민을 들어보자.

"우리는 서울 시민에 대하여 왜 서울에서 후퇴하지 않았던가 하고 이를 문책하여야 할 것인가? (중략) 평시민은 고사하고 또 중간파 거두를 내놓고라도 정부 장차관급의 몇 사람과 도지사까지, 아니 그 이상의 우익 요원들의 대부분이 탈출 못하지 않았던가! 그리고 본다면 보통시민으로서 탈출치 못하였던 점은 하등 놀랄 바가 아닌 것이다. 그러면 탈출의 기회조차 주지 않았던 자는 그 누구였던고! (중략) 일단 진격의 명령만 내리면 일주일 이내 압록강까지, 아니 백두산에 태극기를 휘날린다던 군부의 호언을 믿고만 있었던 시민에게 27일 밤의 대통령 특별방송은 일층 진실로 들릴 수밖에 없었던 것이다. (중략) 그리고 본다면 서울 시민의 잔류는 정부에서 시킨 셈인가? 결론이 이에 이르니 딱한 노릇이 아닐 수 없다."[30]

재판이 진행되면서 부녀자들이 끌려오는 경우가 자꾸 늘어났다. 그 죄목은 여성동맹 간부로 "인민군에 제공하기 위하여 된장, 고추장 혹은 놋그릇 등을 수집하여 제공하였다는 것"이었다.[31] 일제 말기에 일본이 전쟁 물자가 부족해지자 가가호호를 수색하여 놋그릇을 걷어갔다는 것은 잘 알려진 사실이다. 일제와 싸웠던 미군이 한반도 남쪽을 점령한 뒤 일제에 놋그릇을 바쳤다거나 일본 군대에 나갔다고 처벌한 적은 없었다. 인민군도 남쪽을 점령한 뒤 이승만 정권에 세금 바쳤다고 사람들을 못살게 굴지는 않았다. 참으로 감당하기 힘든 나날이었다.

2011년 6월에 방영된 한국방송의 〈한국의 유산〉[32]이란 공익광고에서, 대한의 잔 다르크로 불리면서 "독립투사들의 주린 배를 채워준 임시정부의 영원한 안식처, 그 어머니를 기억합니다"라고 소개되었던 정정화도 부역죄 처벌을 피해가진 못했다. 과거 임시정부 시절 친하게 지내던 사람이 북에 갔다가 전쟁 때 내려온 것을 만난 죄였다. 독립운동 시절 잡혀간 적 있었던 종로경찰서에 정정화는 해방되었다는 조국에서 다시 잡혀갔다. 그래도 변호사를 구할 수 있었던 정정화는 다행히 집행유예로 석방되었다. 공익광고의 마지막 장면 사진은 정정화가 부역죄로 징역을 살고 나온 직후에 찍은 것이다. 그는 출옥 직후에 쓴 한시 〈옥중 소감〉에서 "혁명 위해 살아온 반평생 길인데/오늘 이 굴욕이 과연 그 보답인가"라고 참담한 심경을 읊었다.[33]

'관피아' 출생의 비밀

임시정부의 어머니를 비롯한 수많은 부역자들의 처벌에 앞장선 사람은 과연 누구였을까? 그것은 냉전과 분단의 틈바구니에서 친일파 민족반역자에서 애국적 반공투사로 화려하게 변신한 김창룡, 원용덕, 노덕술 같은 자들이었다. 일본 관동군 헌병 보조 출신에서 이승만 시절의 특무부대장(보안 사령관)으로 출세한 김창룡은 여순 사건 직후의 숙군 사업에서 남로당 프라치로 적발된 박정희를 수사한 장본인이지만, 같은 만주 출신이란 이유로 원용덕, 백선엽, 정일권 등과 함께 박정희를 살려준 자이기도 하다. 김창룡은 서울 수복 후 군·검·경 합동 수사본부장으로 막강한 권력을 행사했으며, 국군과 유엔군이 북진했을 때는 평양지구 특무부대장으로 활동하다가 1·4 후퇴 이후 다시 합동수사본부장을 맡아 이승만의 최측근으로 활약했다. 한국 최초의 내란음모 사건인 인민해방군 사건이나 세상을 떠들썩하게 한 여간첩 김수임 사건, 부산 정치 파동, 개천절 이승만 암살음모 사건 등 수많은 공안 사건이 그의 손에 의해 조작되었다.[34] 김창룡의 손을 거친 공안 사건 중 가장 중요한 것은 백범 김구 선생의 암살 사건이다. 안두희는 사건 발생 43년 만인 1992년, 이승만의 관련 여부에 대해서는 입을 다물었지만 자신이 김창룡의 지시를 받았다는 사실을 털어놓았다.

안두희에 따르면 김창룡은 자신이 백범을 암살하자 "안 의사, 수고했소"라고 칭찬했다고 한다.[35] 이들의 세계에서 '안 의사'란 안중근 의사가 아니라 백범 살해범 안두희였다. 김창룡이 박정희와 앞뒤로 서서 찍은 사진이나 백선엽, 이후락 등과 어깨동무하고 찍은 사진[36]은 한국 공안 권력의 뿌리가 어떤 것인지를 상징적으로 보여준다.

친일파에서 반공투사 애국자로 변신하여 권력을 휘두르던 김창룡은 1956년 1월에 암살되었지만, 김창룡 하나가 없어졌다고 이 땅의 공안 조작이 사라진 것은 아니다. 1950년대 후반 공안 조작 사건의 대표적인 희생자는 조봉암이었다. 대한민국 정부의 초대 농림 장관으로 농지개혁을 주도하고, 1952년과 1956년 대통령 선거에서 두 번 연속 2위를 차지한 거물 정치인 조봉암은 1960년 대통령 선거에서 이승만을 가장 위협할

인물로 꼽히고 있었다. 국민들의 평균 수명이 아직 예순을 넘지 못했던 시절, 1875년생인 이승만은 여든여섯의 고령으로 1960년 대통령 선거를 치러야 했다. 1898년생인 조봉암이 만약 1960년 선거를 살아서 치렀다면 예순세 살이었다. 조봉암이 투표에서 이기고 개표에서 졌다던 1956년 대통령 선거에서 내건 구호는 '평화통일'과 '피해대중을 위한 정치'였다.[37] 피해대중이 누구겠는가. 바로 민간인 학살 피해자들이며, 억울하게 부역자로 몰려 처벌받은 사람들이었다. 이승만 정권은 조봉암에게 간첩이라는 터무니없는 누명을 뒤집어씌워 그를 죽인 뒤 편안하게 1960년 대통령 선거를 치르려 하였다. 그러나 1958년 7월 2일에 서울지방법원에서 열린 진보당 사건 1심 선고 공판에서 사형을 구형받은 조봉암은 예상을 깨고 간첩죄 부분은 무죄, 국가보안법 위반만을 유죄로 인정하여 징역 5년 형을 언도받았다.[38] 재판장은 유병진, 부역자 처벌의 부당성을 깊이 고민했던 바로 그 판사였다.

7월 5일, 법원에 반공청년을 자처하는 300여 명의 청년들이 들이닥쳐 "빨갱이 판사 유병진을 타도하자", "죽여라" 등의 구호를 외치며 난동을 부렸다. 유병진은 간신히 법원을 빠져나와 친구인 '반공청년단장' 신도환의 집에 몸을 숨겨야 했다. 이승만 정권은 주동자 5명을 긴급 구속했지만 금방 풀어주었다.[39] 이 반공청년들도 하루아침에 만들어진 것이 아니었다. 이들은 일제가 키운 군국소년들이었다. 정작 일본에서는 패전

후 미군이 군국소년들의 머릿속에서 군국주의 물을 빼는 작업을 벌였지만, 분단된 한국에서 미군은 그런 제스처를 취하지 않았다. 전쟁이 터지자 군국소년들은 군인이 되어 전쟁을 치렀고, 전쟁이 끝난 후 반공청년이 되어 "빨갱이 판사를 타도하라"며 법원에 난입했다. 박정희 시절, 이들은 향토예비군이 되어 "일하며 싸우고 싸우며 일하세", "싸우면서 건설하자" 등을 외치며 병영국가 건설과 유신과업 수행에 앞장섰다. 그들은 편안한 노년을 보낼 수 없었다. 김대중 빨갱이, 노무현 빨갱이가 대통령이 된 나라에서 '가스통 할배', '애국 할배'가 된 1950년대 반공청년 세대는 요즘도 〈PD수첩〉 무죄, 미네르바무죄, 강기갑 무죄, 한명숙 무죄, 유우성 무죄 같은 판결을 쏟아내는 법원을 찾아가 "빨갱이 판사 타도하자"를 외치며 팔십청춘을 불태우고 있다.

실패한 반민특위와 김주열의 죽음

진보당의 조봉암은 죽였고, 민주당의 조병옥은 죽어주었다. 1960년 3월 15일 대통령 선거를 앞두고 민주당 후보 조병옥이 미국에서 심장 수술을 잘 받고 회복 도중에 산책하다가 갑자기 세상을 뜬 것이다.[40] 1956년 신익희 후보의 갑작스러운 죽음(의문을 제기하는 사람들이 지금도 있다), 1959년 조봉암에 대한 사법 살인에 이어 야당의 대통령 후보가 또다시 선거를 앞두고 별세했다. 이승만의 당선은 사실상 확정되었고, 문제는 워낙 고령인 이승만의 유고 시에 대통령직을 승계할 부통령을 뽑는 선거였다. 3·15 부정선거는 바로 부통령 선거에 대한 부정을 의미했다. 초유의 부정선거가 자행된 3월 15일, 경남 마산에서는 어린 학생들까지 적극적으로 참여하는 대규모 시위가 발생했다. 시민들의 격렬한 시위에 이승만 정권은 실탄을 발포하여 여러 명의 사망자가 발생했다. 그 시위의 와중에 남원에서 마산으로 유학 와 마산상고 입학을 앞두고 있던 김주열이 행방불명되었다. 아들이 행방불명되었다는 소식에 한걸음에 마산으로 달려온 어머니 권찬주 여사는 근 한 달간 전라도 사투리로 마산 시내를 누비며 애타게 아들을 찾았다. 지친 어머니가 집으로 돌아가려고 버스에 오른 지 얼마 안 되어 거짓말처럼 김주열이 바다에서 떠올랐다. 오른쪽 눈에 최루탄이 박힌 참혹한 모습으로. 경찰이 허공이 아니라 시위대를 정조준해 쏜 최루탄이 김주열을 절명케 했고, 경찰은 그 시신에 돌을 매달아 바다에 유기한 것이다. 김주열에게 최루탄을 발사하도록 지시하고 그 시신을 유기한 자는 마산경찰서 경비주임 경위 박종표였다.[41]

박종표는 한동안 신문에 여러 차례 오르내렸고, 결국 혁명재판에서 무기징역을 받았다(박정희 정권의 특별사면으로 1968년 석방).[42] 그런데 박종표가 재판에 회부된 것은 이번이 처음이 아니었다. 1949년 4월에 반민특위는 아라이 겐기치[新井源吉]란 이름으로 일제의 악질 헌병 보조원으로 활동했던 박종표를 검거하여 재판에 회부했다. 그러나 이승만의 지시를 받은 친일 경찰들에 의한 습격 사건으로 급격하게 무력화된 반민특위는 1949년 8월 19일 박종표에게 무죄 판결을 내렸다.[44] 반민특위에 체포되었던 악질 고등경찰 노덕술이 반민특위 습격 사건 이후 풀려난 뒤 경찰에서 헌병으로 업종을 바꿔 부역자 처벌에 열을 올렸던 것처럼, 악질 헌병 보조원 박종표도 반민특위를 거치면서 헌병에서 경찰로 업종을 바꿔 이승만의 충견이되어 김주열을 살해하고 시신을 유기했다. 아, 반민특위여! 아, 한강 다리여! 아, 부역자 처벌이여! 아, 세월호여!

분단과 전쟁은 우리 민족에게 몰아닥친 엄청난 비극이었지만, 친일파들에게는 하늘이 내린 축복이었다. 인간성을 파괴하는 분단과 전쟁을 신분세탁의 찬스로 받아들인 데에서 친일파 중의 친일파인 악질 고등경찰과 헌병 나부랭이들의 반민족적, 아니 반인간적인 민낯이 드러난다. 일제의 악질 고등경찰과 헌병들이 어떻게 살아남았는가. 분단과 전쟁 때문이다. 일제의 악질 고등경찰과 헌병들이 어떻게 권력을 공고히 했는가. 가만있으라 거짓 방송하고 다리 끊고 도망갔다가 돌아와 가만히 있었던 사람들을 빨갱이로, 부역자로 잡아 죽이며 권력을 공고히 했다. 그것이 수십 년간 대한민국을 지배해온 공안 권력의 출생의 비밀이다. 그 후예들이 지금껏 대한민국을 지배하고 있다. 공안 권력은 대한민국 수구 세력의 중추이다.

지금 대한민국을 지배하는 수많은 마피아 집단들은 다 여기서 파생된 것이다. 세월호 사건으로 해양수산부 출신의 해피아가 갑자기 부각되었지만, 어디 해피아뿐이랴. 재정경제부 출신의 모피아, 국토건설부 출신의 건피아, 교육부 출신의 교피아 등 등 정부 부처 개수만큼이나 많은 관료 출신 마피아를 하나하나 따질 수 없어 싸잡아 관피아라 부른다고 한다. 어느 인기 개그맨이 치킨집 광고에서 신나게 "형님, 동생, 언니, 오빠, 친구, 처남, 동서, 사돈에게 권유해서 늘어난 체인점이 무려 OOO개"라고 하는 것처럼 공안 권력의 형님, 아우, 삼촌, 조카, 언니, 오빠, 누나, 동생들이 각계각층의 마피아가 되어 빨대 하나씩 꽂고 설계 변경하고 노후수명 연장하고 규제 완화하고 서로 전관예우 전통 물려주고 밀어주고 당겨주며 오순도순 사이좋게 대한민국을 운영해왔다. 다 밟아버린 줄 알았던 빨갱이들이 되살아나기 전까지.

송변과 차동영은 지금?

세월호의 아픔을 보면서 다리 끊고 도망갔던 친일파가 돌아와 무슨 짓을 했는지를 떠올리는 것은 진영 논리에 빠진 것이고 정략적인 것일까. 아직 아이들을 물 밖으로 다 데려오지도 못했는데 이런 이야기를 하는 것은 지금이 단 한 번도 역사 앞에서 자기 책임을 다한 적이 없는 무책임한 족속들, 게다가 무능하기까지 한 족속들로부터 대한민국을 찾아올 수 있는 골든타임이기 때문이다.

2013년 말에서 2014년 초, 영화 〈변호인〉이 천만 관객을 동원했다. 많은 사람들이 〈변호인〉을 보고 감동했다. 그런 송우석 변호사와 같은 시대를 살았다는 것이 참 뿌듯했다. 두 시간 동안. 영화가 끝나고 극장에 불이 켜지고 밖으로 나와 보면 세상은 변한 것이 없었다. 우리의 송변은 어디로 갔을까. 노무현은 어디에 갔을까. 노무현은 부엉이 바위에서 떨어져 죽었건만, 그를 죽음으로 내몬 수사 검사 우병우는 세월호 참사로 국가 대개조나 거국내각이 얘기되는 상황에서 새로이 청와대 민정비서관에 임명되었다.[45] 영화 속 차동영 같은 자들, 예컨대 이근안은 여전히 자신이 애국자이며 그때로 돌아가도 똑같이 행동하겠다고 거침없이 말하고 있다. 차동영의 배후에 있던 강 검사 같은 자들의 만형이 바로 김기춘이다. 김기춘에 대해서는 뒤이어 자세히 다룰 것이므로 여기서 더 언급하지는 않겠다. 딱 하나, 서울시 공무원 유우성 간첩 사건을 조작한 국정원 대공수사국의 최장수 국장이 유신 정권 7년 중 4년 반 동안 중앙정보부 대공수사국장을 지낸 김기춘이었다는 점만 지적하고 싶다.

부림 사건의 주임 검사 최병국은 얼마 전까지 울산에서 3선 의원을 지냈고, 전 새누리당 대표로 1,000만 학생의 교육을 책임지고 있는 교육 부총리 황우여는 〈변호인〉의 모델이 된 부림 사건과 같은 시기에 있었던 더 큰 공안 조작 사건(사형 판결까지 나왔다)인 학림 사건의 판사였다. 박근혜 정권 출범 직후까지 대한민국 국무총리였던 김황식은 재일동포 김정사에 대한 고문 조작 간첩 사건의 판사였다. 한나라당 대통령 후보였던 이회창은 1980년대의 암흑 시기에 그래도 소수 의견을 가장 많이 내놓으며 인권 보호를 위해 노력한 대법원 판사(1961~1987년까지 '대법관'을 '대법원 판사'라 부름)였지만, 그 역시 초임 판사 시절 〈민족일보〉 조용수 사장에게 사형 판결을 내린 혁명재판부의 일원이었던 지워버리고 싶은 경력을 갖고 있다.[46] 한국 굴지의 법무법인인 태평양의 대표 변호사를 오래 지낸 가재환은 사법연수원장 시절, 법조인 교육 시스템에 법조 윤리를 도입한 것으로 잘 알려져 있다. 그러나 그는 전두환 시절, 5년간 대법원장 비서실장으로 있으면서 안기부의 압력을 사법부에 전달하는 창구 역할을 톡톡히 했다.[47] 세월호의 선장 이준석이 차라리 도망갈 수는 있다고 치자. 그러나 그가 돌아와 선장 윤리를 강의해서는 안 되는 것 아닌가.

책임졌던 보수들

지금 우리에게 필요한 것은 진보냐, 보수냐의 문제가 아니다. 보수라도 좋으니까, 아니 원래 보수가 더 그런 거니까 역사 앞에서 자기 책임을 다하는 사람들이 그리울 뿐이다. 중국의 공산혁명을 이끈 마오쩌둥〔毛澤東〕의 아들 마오안잉〔毛岸英〕의 무덤은 평양 외곽에 있다. 마오쩌둥이 한국 전쟁에 백만 대군을 파병할 때 남의 집 자식들만 국경을 넘어 전쟁터에 내보낸 것이 아니었다. 미국의 네이팜탄 폭격으로 타 죽은 마오안잉을 마오쩌둥은 조선에 묻었다. 마오안잉은 마오쩌둥의 아들이라는 말과 함께. 수많은 중국 병사들의 유해가 조선 반도 도처에 널려 있는데, 어떻게 자기 새끼만 고향으로 데려가느냐는 뜻이었을 것이다. 마오쩌둥이 수많은 정치적 과오에도 불구하고 여전히 중국인들의 존경을 받는 중요한 근거가 된다. 한국 전쟁 당시 미8군 사령관을 지낸 밴 플리트(James Alward Van Fleet) 장군의 스물여섯 살 새신랑이었던 아들은 아버지의 예순 살 생일을 축하해주고 얼마 후 북한 지역으로 출격하였다가 돌아오지 못했다.[48] 미군 장성의 아들 중에 아버지와 함께 한국 전쟁에 참전한 사람이 145명이고, 이 중 35명이나 전사하였다고 앞에 인용한 페런바흐는 쓰고 있다.[49] 그런데 대한민국 장관이나 국회의원, 고위 장성의 아들 중에 한국 전쟁에 참전했다가 희생된 경우가 있는가? 과문이지만 들어본 적이 없다. 만약 있었다면, 교학사 교과서에 세 페이지쯤 대서특필했을 것이고 전쟁기념관에 동상을 세웠을 것이다. 그래서였을까, 페런바흐가 책 제목을 '이따위 전쟁'이라고 붙인 것은?

자기들이 보수라고 자처하는 한국의 지배층들은 사실 보수가 아니다. 보수라면 응당 자신이 속한 공동체에 대해 책임을 질 줄 알아야 한다. 책임지지 않으면 사회가 유지될 수 없으니 한 사회를 유지하고자 하는 보수 세력이라면 마땅히 자신이 맡은 책임을 져야 하는 것이고, 책임지지 않는 자는 보수의 자격이 없다. 현재 한국의 지배층은 가끔 사랑의 열매를 사주는 식의 자선을 베푸는 것 이외에 공동체를 위해 자신의 무엇을 희생해본 적이 단 한 번도 없는 집단이다. 조선이 망할 때 구례 촌구석의 가난한 선비 황현은 스스로 목숨을 끊었다. 조선 왕조의 녹을 먹은 적도, 특별히 황은을 입은 적도 없었지만 500년간 선비를 키운 나라에서 나라가 망하는데 목숨 바치는 놈 하나 없으면 그것이 무슨 꼴이냐며 아편을 탄 술을 오래 보다가 결국 마셨다. 백사 이항복의 자손으로 조선 최고의 명문가 후예이자 8만 석을 거두는 대부호였던 이회영의 6형제는 나라가 망하자 재산을 정리하여 중국으로 망명했다. 해방된 조국에 살아 돌아온 것은 막내 이시영뿐이었다. 이회영은 일본 경찰에 붙잡혀 고문당해 죽었고, 형제들 중 가장 많은 돈을 내놓은 이석영은 굶어 죽었다. 8만 석이라면 삼성, 현대 같은 재벌은 아닐지라도 '황제 노역'했다는 토호보다는 훨씬 큰 재산이었다 할 것이다. 그 재산을 바쳐 이회영 형제가 한 일이 신흥무관학교를 세운 것이었다. 교과서에야 독립군 양성기관이라고 우아하게 처리가 되겠지만, 독립군 양성기관에 들어간 청년 중 상당수는 집에서 부리던 종들이었다. 남자들이야 돈 내고 거창한 독립 방략을 세우고 학교에서 가르치고 했겠지만, 조선에 있을 때 뜨르르하던 대갓집 마나님들은 새벽같이 일어나 만주 칼바람을 맞으며 집에서 부리던 종들을 위해 밥하고 빨래하고 버선을 기웠다. 이게 위기의 순간에 나오는 보수의 참모습이다. 한 사회에서 온갖 혜택을 받았던 사람이라면 그 사회가 침몰해갈 때 자신이 설 자리를 알아야 한다.[50]

일본의 장점도 배우지 못한 친일파들

지금의 수구 세력이 돈만 있고 양심도 염치도 능력도 없어서 그렇지, 친일파 소리를 듣는 인사들이 전부 다 몰염치한 사람은 아니었다. 한국군 창군에 참여한 일본군 출신 중 가장 선배이며 고위직이었던 이응준은 미군정에서 참모총장을 맡을 것을 권유했으나 자신 같은 사람이 새 나라, 새 군대의 간판을 맡아서는 안 된다며 물러났고,[51] 뒤에 참모총장과 국방 장관을 지낸 신태영은 아예 처음에는 군문에 발을 들여놓지 않았다. 이응준과 일본 육사 동기이자 역시 일본군 대좌였던 안병범은 당시 한국군의 최고령 대령이었는데, 이승만이 다리를 끊고 도망간 뒤 패잔병들을 모아 유격전을 꾀하다가 실패하자 '적과 싸워 국토를 지키지 못하는 자는 죽어 마땅함'이라는 유서를 남기고 인왕산에서 자결했다.[52] 이제 국정원의 간첩 조작 사건과 관련하여 '알았으면 악마, 몰랐으면 바보' 소리를 듣게 된 공안 검찰도 처음부터 저 지경은 아니었다. 1964년, 대한민국에서 둘째가라면 서러울 정도로 보수적이고 반공 사상이 투철한 서울지검 공안부 검사들은 중앙정보부가 송치한 1차 인혁당 사건 관련자들에 대한 기소를 거부하고 사표를 제출했다.[53] 사건이 고문으로 조작되었기 때문이다. 1981년, 이른바 연세대생 내란음모 사건 당시 서울지검 공안부 검사 구상진은 어린 대학생들이 유인물을 만들다 잡힌 것을 안기부가 내란음모죄 기소 의견으로 송치하자 적용 법령을 바꾸려 하다가 옷을 벗어야 했다.[54] 그 빈자리를 메꾸며 '허위 조서'까지 만들어 이들을 내란죄로 기소하여 안기부에 스카우트된 자가 바로 정형근이었다.

아시아의 약소국이었던 일본이 근대화에 성공하여 제국주의 열강에 끼게 되고 급기야 조선을 식민지로 삼은 것은 우리에게는 큰 불행이었지만, 일본 보수 세력 입장에서는 그들 나름대로 무언가 강점을 발휘한 바가 있다고 할 것이다. 야스쿠니 신사에 가보면 그들 식 전쟁기념관인 류슈칸이 있는데, 야스쿠니 신사에 배향된 사람들의 이름을 기록한 영쇄부를 펴놓은 것을 보면 일본에서 군신으로 추앙받는 노기 마레스케[乃木希典] 대장의 아들들의 이름이 나온다. 백범도 일제 경찰에 밤새 모진 고초를 당하며 자신을 돌아보면서 "나라를 남에게 먹히지 않게 구원하겠다는 내가, 남의 나라를 한꺼번에 삼키고 되씹는 저 왜구와 같이 밤을 새워 일한 적이 몇 번이었던가"라고 한 적이 있다.[55] 친일파들은 일본과 친했고 일본을 위해 일했

을지는 몰라도 일본의 보수 세력 본류가 가진 살벌할 정도로 무시무시한 도덕성과 희생정신은 전혀 배우지 못했다. 그것은 지주에게 필요한 것이지 마름에게 요구되는 덕목이 아니었고, 사냥꾼이 가져야 할 자세지 주구나 앞잡이들이 가질 이유가 없었던 것이다.

분단과 전쟁과 학살과 부역자 처벌로 망가진 것은 좌익만이 아니었다. 아니, 좌익은 남쪽에서만 멸균실 수준으로 사라졌을 뿐, 북에서는 어떤 형태로든 명맥을 유지했다. 이 땅에서 진짜 사라진 것은 양심적이고 합리적인 우익이었다. 남북협상을 중간파가 했다지만 이른바 글로벌 스탠더드에 비추어보면 백범 김구는 극우, 우사 김규식은 합리적 우파나 잘해야 중도 우파 정도라 할 것이다. 이승만이 다리 끊고 도망갈 때 서울에 남았다가 북으로 끌려간 조소앙, 안재홍 등의 인사들이 양심과 부끄러움과 합리성을 지니고 역사 앞에서 책임을 질 줄 아는 우익 인사들이었다. 친일파 민족반역자를 청산하자고 주장하던 민족적 양심을 가진 우익 중에서 백범은 암살되고, 나머지 지도급 인사들은 끌려가고, 남은 사람들은 학살당하고 부역자로 처벌받으며 낙백해버렸다. 우익이라면 당연히 민족을 내세워야 하는데, 이 땅의 자칭 우익들은 삼일절에도 성조기 들고나오는 부류들이다. 내가 여러 번 강조하는 바지만, 한국의 진보는 원래 진짜 보수였다. 극우파 김구의 수행비서였던 장준하는 김구가 남북협상에 나서자 공산주의자와 무슨 협상이냐며 광복군 참모장 이범석과 함께 떨어져 나왔고, 이승만 정권의 국무총리가 된 이범석이 직책상 당연히 좌익 전향자들을 포용하는 태도를 보이자 좌익들에게 관대하다며 이범석과도 갈라선 강골 극우파였다. 신의주 반공학생 의거의 사상적 배후 함석헌, 좌우 대립이 극심했던 시절 우익 정도가 아니라 아예 미군 장교였던 문익환과 박형규, 반탁학련이라는 극우파 학생 조직의 행동대장이었던 계훈제, 7년간 국군 장교로 복무한 리영희, 반공포로 김수영, 유학생의 열에 아홉이 미국에 잔류하던 시절 아버지와 큰아버지가 납북당한 것을 잊지 않고 군에 복무하기 위해 유학을 중단하고 돌아온 백낙청 등등은 어느 모로 보나 보수의 가치를 충실히 지킨 양심적인 인물들이었다. 일제의 주구들이 우파요, 애국자를 자처한 험한 시대에 까마귀 노는 물을 피한 백로들이 시간이 흐르며 진보가 되었다. 광주를 거치며 진보 진영에서는 너무나 많은 열사들이 나왔다. 5월이면 '별걸 다 기억하는 역사학자' 소리를 듣는 나조차 다 기억하지 못할 정도로 우리 사회의 정의를 위해 이 한 몸 불사른 열사들이 너무나 많다. 하지만 강재구 소령 말고 남을 위해 헌신하다 목숨을 바친 보수 인사를 우리 사회는 기억하지 못한다.

그래도 대한민국호가 침몰하지 않은 이유

이승만 같은 자들이 선장을 하고, 김창룡, 원용덕, 노덕술, 박종표, 이근안 같은 자들이 선원질을 한 대한민국호가 침몰하지 않은 이유는 어디에 있을까. 미국이 와서 구해준 덕분일까? 서울을 버리고 도망간 선조는 자기가 의주까지 가서 불러온 명나라 군대가 나라를 구해준 것이어야만 했다. 그러나 우리에게는 "아직도 신에게는 배가 열두 척이나 있습니다"라고 당당히 나선 이순신이 있었고, 나라의 녹을 먹은 적이 없으면서도 분연히 떨쳐 일어난 의병장들이 있었다. 장수만 있어서 어찌 전쟁이 되겠는가. 역사가 그 이름을 불러주지 못한 수많은 의병들이 이 나라를 지켰고, 다시 세웠다.

전두환의 계엄군이 다시 광주로 쳐들어온 5월 27일 새벽, 도청에는 시민군이 300명이나 남아 죽음을 기다렸다. 지금까지 돌아가는 꼴을 보면 불행인지 다행인지 모르겠지만, 생각보다 많은 분이 살아남았다. 그렇지만 그날 살 수 있을 것이라는 기대를 갖고 거기 남은 바보는 없었다. 누가 너는 꼭 남아야 한다고 명령하는 사람도 없었고, 집에 간다고 잡는 사람도 없었다. 아무도 집에 가는 사람을 비난하지 않았다. 여학생들, 고등학생들은 눈을 부라리고 악을 써서 도청에서 내보냈다. 이길 수 있다는 생각을 갖고 남은 것이 아니었다. 지는 싸움을 피할 수 없었기에, 다 총을 놓고 집에 가버리면 텅 빈 도청을 전두환에게 내주는 것이기에 그냥 남았다. 특별한 직함이 있는 것도 아니었다. 광주시장도 아니었고, 이름난 교수나 문화인도 아니었고, '사' 자 돌림 전문가도 아니었다. 시민군 중대장, 소대장이라서 남은 게 아니라 남은 사람 중에서 새로 중대장, 소대장이 임명되었다. 남은 사람들 중에는 죽어 〈임을 위한 행진곡〉의 주인공이 된 윤상원 같은 지식인 출신도 있었고 더러 대학생들도 있었지만, 다수가 철가방, 구두닦이, 날품팔이, 용접공, 웨이터, 식당 보이 등 박정희가 '똘마니'라고 비하해 부르던 사람들이었다. 그 '똘마니'들이 위대한 광주 시민으로서의 무거운 책임을 피하지 않았다. 역사는 그렇게 만들어졌다. 집에 간 사람들도 "광주 시민 여러분, 광주 시민 여러분, 우리를 기억해주십시오. 우리는 폭도가 아닙니다"라는 애절한 호소를 들으며, '살아남은 자의 슬픔'을 키워가며 반만년 우리 역사에서 가장 긴 새벽을 보냈다. '나는 5월 26일 밤 도청에 남을 수 있었을까?'라는 질문을 정직하게 자신에게 던지는 사람들이 바로 '살아남은 자의 슬픔'을 간직한 사람들이었고, 이들은 누구나 광주의 자식이 되어 온몸으로 새로운 역사를 써나갔다.

아이들을 구하러 가야 한다며 전화를 끊은 사무장 양대홍은 부인의 애타는 전화에는 응답하지 않고 끝내 퇴선 지시를 내리지 않은 무전기를 꼭 쥔 채 우리 곁으로 돌아왔다. 구명조끼가 모자라자 "내 거 입어" 하고 선뜻 벗어준 학생, 그 와중에

아기부터 탈출시키던 아이들, '살아남은 자의 슬픔'을 끼고 살아가기엔 너무나 아이들 곁에서 선생 노릇 하고 싶어 했던 교감 선생님, 아이들과 함께 가라앉은 선생님들, 그리고 겨우 매점에서 물건 파는 어린 알바생이면서 "선원은 맨 마지막에 나가는 거야. 너희들 다 구하고 나갈 거야"라며 세월호의 악마들, 대한민국호의 악마들은 꿈도 꿀 수 없는 어마어마한 책임감을 보인 박지영……. 이들이야말로 구조변경에 노후수명 연장에 과적에 규제 완화에 온갖 비리와 뇌물로 이리 기울고 저리 기우는 대한민국호가 여태껏 가라앉지 않고 항해할 수 있는 숨은 복원력이었다. 우리가 믿을 것은 우리 자신에 내재한 이 복원력밖에 없다.

더 이상 대한민국호를 책임지지 않는 자들, 위기의 순간에 무엇을 해야 할지 모르는 자들에게 맡겨둘 수 없다. 살아남은 자의 슬픔을 간직한 이들이 움직여야 한다. 역사는 책임지는 사람들의 것이다.

2

간첩의 역사,
조작의 역사

반드시 기억해야 할 것은 '한 마리'의 간첩이 나오기 위해서는 수많은 팀플레이가 있어야 한다는 점이다. 비단 중앙정보부만이 짜고 치는 것이 아니라 언론이 받쳐주고, 검찰이 법률적으로 포장해주고, 판사가 슬쩍 넘어가줘야 하는 것이다.

1

간첩은
어떻게 생겨나는가

한국 전쟁 종전 이후 남쪽의 방첩 당국이 적발한 간첩은 전부 4,500여 명에 달한다.[1] 이들 중 재심에서 무죄 판결을 받았거나 재심이 진행 중인 사건도 수십 건에 달한다. 과연 수많은 간첩 사건 중 몇 건쯤이 조작된 사건일지는 누구도 자신 있게 얘기하기 어려울 것이다. 그렇지만 권총이나 수류탄 같은 무기도, 독침이나 무전기도, 하다못해 난수표나 암호문도 나오지 않은 간첩 사건이라면 조작된 사건일 가능성이 대단히 높다. 1950년대나 1960년대의 간첩 사건들을 보면 조작된 사건이 없는 것은 아니지만, 대부분 북한에서 직접 남파된 사람을 중심으로 한 순도 높은 간첩 사건들이었다. 1950년대의 간첩 사건들 중에는 서울에 침투하고 반년가량이 지난 뒤에 체포되고도 간첩죄가 아니라 간첩미수죄로 처벌받는 경우도 자주 있었다. 이는 간첩죄를 엄격하게 적용했기 때문이다. 서울로 잠입하여 신분을 세탁하고 거처를 마련하는 등의 행위와 기밀을 수집·탐지하는 간첩 본연의 행위를 구분하여 아직 간첩 행위에 착수하지 못했다고 미수죄를 적용한 것이다.

1970년대 이후 조작 간첩이 늘어난 것은 아이러니하게도 북한이 간첩을 안 내려보냈기 때문이다. 북한이 간첩을 내려보내지 않은 것을 흔히 7·4 남북공동성명에 따른 것으로 설명하기도 하지만, 진짜 이유는 다른 데에 있다고 봐야 할 것이다. 북한은 그동안 한국 전쟁 때 월북한 남쪽 출신들에서 우수한 인재를 선발, 교육하여 남쪽으로 침투시켰다. 이들은 1950년대에는 별다른 문제 없이, 그리고 1960년대 초반만 해도 그럭저럭 연고지에 정착하거나 임무를 수행할 수 있었지만, 정작 북한이 공세적인 대남 전략을 펼친 1960년대 중반 이후에는 간첩을 보내는 족족 주민들의 신고 등으로 남쪽 당국에 적발되었던 것이다. 세월이 많이 흐르고 남쪽 사회가 급격한 변화를 거치다 보니 북쪽에서 남한 사정을 책으로 배웠다 해도 남쪽에 적응하기가 힘들었다. 1950년대에는 길거리에서 고향 사람을 만나도 그동안 어디 있었느냐는 질문에 우물쭈물 넘어가는 것이 크게 어렵지 않았는데, 1960년대가 되자 누구는 어디 살고 누구는 어디서 봤고 하는 식으로 다들 소재가 파악된 상태에서 갑자기 불쑥 나타나면 그게 바로 간첩이었다.

간첩 공작의 고비용 저효율 구조

애써 교육시킨 공작원들이 침투 즉시 적발되자 북한 당국은 검문을 피하기 쉬울 것이란 생각에 남성과 여성을 부부로 짝 지어 보내기도 했다. 그런데 간첩 교육을 남성들이 했던 탓일 까, 남파된 여성들은 남쪽 출신이었음에도 불구하고 15~20 년 사이 변화된 생활환경에 적응하지 못하여 자신이 북에서 왔음을 드러내곤 했다. 시꺼먼 원통에 구멍이 숭숭 뚫려 있고 거기서 불이 피어오르고 사람들이 그것으로 방도 데우고 밥도 지어 먹는 것을 신기하게 보며 "저게 뭐예요?"라고 묻는 사람 이 바로 간첩이었다. 1970년 군산에서 적발된 유문희, 이점순 부부 간첩 사건도 이런 경우였다.[2]

북한에서 박헌영 사건에 검사로 입회한 경력이 있는 엘리트 김OO은 명민하고 자존심 강한 지식인이었다. 그는 당에 소환 되어 훈련을 받은 뒤 혁명가로서 목숨을 걸고 남조선 해방을 위해 육군 장교로 위장하여 휴전선을 넘었다. 완벽한 위장에 성공적인 침투를 했다고 자부한 그는 마을에 들어서는 순간 헌병에 바로 체포된다. 무엇이 잘못됐는지 영문도 모르는 채 끌려간 헌병대에서 '남조선 국방군 에미나이'들이 "그 쪼다가 이놈이야?" 하고 낄낄대며 툭툭 그의 머리를 때리면서 지나갔 다. 선비는 죽일 수 있으나 욕을 보여서는 안 된다는 동양의 전통이 무색한 순간이었다. 나중에야 그는 자신의 군복에 부착된 마크의 부대는 6개월 전에 다른 곳으로 이동했다는 사실을 알았다. 도대체 대남 정보를 수집하는 첩보원들은 무엇을 했단 말인가. 비전향 장기수들은 좀처럼 북쪽을 비판하는 법이 없지만, 이 대목에서 그는 피를 토하는 심정으로 북쪽의 관료주의를 질타했다.[3]

　간첩 침투는 엄청난 고비용, 저효율이었다. 그런데도 북쪽은 (당시 남쪽도 마찬가지였지만) 죽어라 간첩을 침투시켰다. 특히 베트남 전쟁의 분위기 속에서 북한 당국은 대단히 공세적인 대남 전략을 펼쳤다. 나는 1999년과 2000년에 비전향 장기수 여러 분을 인터뷰하였는데, 1960년대 후반에 남파된 공작원들의 훈련과 침투에 대해 조사하다가 이상한 점을 발견했다. 훈련이 끝난 시점과 침투 시점 사이에 네댓 달의 공백이 있었던 것이다. 그사이에 무슨 훈련을 받았는지 이야기해달라고 하자 그들은 아무 훈련도 받지 않았다고 답했다. 이제 시간이 오래 흘렀으니 이야기하셔도 된다고 거듭 요청했지만 대답은 마찬가지였다. 그러면서 자기들도 빨리 혁명 전선에 투입되기를 바랐는데 아무 일 없이 초대소에서 지내느라 답답해 죽을 지경이었다고 회고했다. 정말 이상한 일이었다. 올림픽에 출전할 선수들을 훈련시켜 기량이 절정에 달했을 때 파견하는 것이 정상이듯이, 간첩도 몸 상태와 감각이 절정에 오른 상태에서 투입해야 말이 되지 않겠는가. "아니, 도대체 왜 그랬대요?" 하고 다그쳐 물었더니 답이 "배가 없어서"였다. 배가 없다니! 조선노동당 연락국이 운용하는 간첩선이 하도 바빠 간첩들을 실어 나르느라 배를 배정받지 못해 대기하는 기간이 길어졌다는 것이다.

그렇게 간첩을 많이 내려보냈으니 남쪽의 방첩 당국이 바쁠 수밖에 없었다. 통혁당 사건, 1·21 청와대 기습 사건, 울진·삼척 무장공비 사건 등 굵직굵직한 사건을 거치면서 남쪽의 방첩 당국이 기구를 크게 확장시킨 것은 당연한 일이었다. 그런데 북쪽이 갑자기 간첩 침투를 크게 줄인 것이다! 1950년대와 1960년대 초반까지 북한은 월북한 남한 출신들을 선발하여 연고선을 이용한 공작을 적극적으로 펼쳤다. 4월 혁명 이후 민주당 정권이 1960년 6월의 국가보안법 개정에서 이승만 시대에 없었던 불고지죄를 신설한 것은 북측의 대남 공작에서 연고선 공작이 중심적인 위치를 차지했기 때문이다. 흥미로운 것은 그 적발 사례다. 불고지죄 신설 후 첫 번째 적발 사례가 유명한 공안 검사 한옥신을 어려서 같이 자란 이종사촌 동생이 남파되어 찾아온 것이고, 두 번째 사례는 법무부 차관 김영천의 친동생이 남파되어 형을 찾아왔다가 적발된 일이다.[4]

남한의 반공 태세가 점차 강화되고, 북한이 대규모 무장공작대를 파견하여 빈농들이 주로 사는 울진과 삼척의 산간벽지에 농촌 해방군을 건설하려던 공작이 주민들의 신고에 의해 실패로 돌아가자 북한도 대남 정책을 크게 수정하지 않을 수 없었다. 1970년 조선노동당 제5차 당대회에서 북한은 당의 모든 사업을 주체사상에 입각하여 정비하면서 대남 사업 전략에서는 "남조선 혁명은 남조선 인민의 손으로"라는 구호를 채택했다. 이후 북한이 직접 간첩을 남파시키는 일은, 근절된 것은 아니라 해도 크게 줄어들었다. 남쪽의 감옥에 비전향 장기수로 수감되어 있었던 남파 공작원 61명을 보면 1970년대에 검거된 사람은 6명, 1980년대 이후에 검거된 사람은 2명인데, 1970년대에 검거된 자들도 대부분 1960년대에 파견되었다가 뒤늦게 체포된 사람들이었다.[5]

간첩이 없으면 만들어라

대한민국의 안보와 남북 관계를 생각할 때 간첩 남파가 격감한 것은 크게 환영할 일이지만, 방첩 일선의 대공수사 요원들로서는 직업 안보에 빨간불이 켜진 것이었다. 자신들의 존재 이유를 분명히 하기 위해 간첩은 반드시 필요했다. 오지 않으면 만들어내기라도 해야 했다. 1960년대까지의 간첩 사건을 보면 더러 불순물이 섞여 있기도 했지만 대부분 순도 높은 북한산 간첩이었던 반면, 1970년대에 접어들면 재일동포, 납북 어부, 유학생 간첩 등 '메이드 인 재팬'이나 '메이드 인 사우스 코리아'의 순도가 팍 떨어지거나 짝퉁 수준인 간첩이 양산되기 시작했다.

여기서 잠시 국정원 과거사위원회 시절에 작성한 시대별 간첩 사건 추이를 통해 그 흐름을 살펴보도록 하자. 1950년대에는 휴전선을 넘다가, 또는 해안선으로 침투하다가 사살되는 간첩이 5퍼센트 미만일 정도로 북쪽에서 남쪽으로 침투해 들어오는 것이 식은 죽 먹기였다. 당시 공안 당국은 당국이 적발하는 간첩이 전체의 60퍼센트 미만일 것으로 보았다. 1960년대에 들어오면 적발된 간첩의 절반가량이 휴전선이나 해안선에서 사살되었고, 생포된 간첩의 경우도 1950년대에 비해 남쪽 침투에서 체포까지 걸리는 기간이 불과 며칠 이내로 지극히 짧아졌다.

1970년대로 들어오면 적발된 간첩의 숫자가 1950년대나

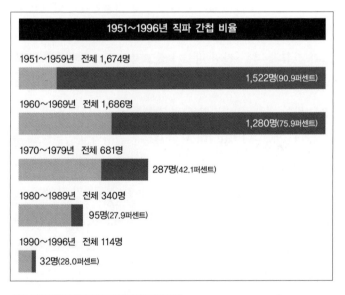

1951~1996년 직파 간첩 비율

1951~1959년 전체 1,674명
1,522명(90.9퍼센트)

1960~1969년 전체 1,686명
1,280명(75.9퍼센트)

1970~1979년 전체 681명
287명(42.1퍼센트)

1980~1989년 전체 340명
95명(27.9퍼센트)

1990~1996년 전체 114명
32명(28.0퍼센트)

자료: 국가정보원 과거사건 진실규명을 통한 발전위원회

1960년대의 40퍼센트 정도로 줄어들었다. 북한이 직접 파견한 직파 간첩의 비율은 1950년대 90.9퍼센트, 1960년대 75.9퍼센트에서 1970년대는 42.1퍼센트로 격감했고, 1980년대는 다시 27.9퍼센트로 또 크게 줄어들었다. 1990년대 적발된 간첩 114명 중 32명이 직파 간첩이라지만, 그중 25명이 북한에서 훈련 중 기계 고장으로 표류하여 강릉 앞바다에서 발견된 강릉 잠수함 사건 관련자라는 것을 고려하면 90년대의 직파 간첩 비율은 더 크게 줄어든 것이 된다.

1970년대 이후 간첩 조작 사건이 빈발한 이유는 자명하다. 중앙정보부-안기부-국정원, 보안사, 대공경찰 등에서 방첩 업무에 종사하는 수만 명의 대공수사 요원들로서는 간첩을 찾아내지 못한다면 자신들의 존립 근거가 무너지기 때문이었다. 직파 간첩의 경우, 간첩 방조나 불고지 정도가 간첩단으로 묶여 고문을 당하고 중벌을 받는 등 간첩죄의 확대 적용을 둘러싼 논란이 있을 수 있지만 사건 자체를 조작했다는 시비는 많지 않다. 그러나 1970년대 이후 새로운 간첩의 공급원으로 등장한 재일동포 사건, 유학생 사건, 납북어부 사건, 월북자 가족 사건의 경우에는 조작을 둘러싼 논란이 끊이질 않았다. 이중 국정원 과거사위원회, 국방부 과거사위원회, 진실화해위원회 등에서 재조사하였고, 재심 재판이 끝난 사건은 모두 무죄 판결을 받았다.

1970년대 간첩 조작 사건 중 주목할 만한 것은 1974년 3월 중앙정보부가 발표한 울릉도 간첩단 사건이다. 방첩 당국은 사건을 발표할 때 '사상 최대 규모'라든가 '최장 기간 암약'처럼 규모나 활동 기간을 부풀리곤 한다. 울릉도 간첩단 사건은 울릉도와 경상북도 일원에 사는 전씨·김씨 일가가 관련된 사건과 전북대학교 이성희 교수가 관련된 사건 등 전혀 상관이 없는 두 개의 사건을 하나로 합쳐 최대 규모라고 발표해버렸다.[6] 중앙정보부가 이런 꼼수를 쓴 이유는 이 사건을 발표할 당시 유신에 대한 대학생들의 저항이 부글부글 끓어오르려 하고 있었기 때문이다. 울릉도 간첩단 사건을 발표하고 채 3주가 안 되어 유신 정권은 긴급조치 4호를 선포하고 민청학련 사건과 인혁당 재건위 사건을 일으켰다. 2015년 1월, 대법원 재판부는 울릉도 간첩단 사건에 연루된 피고인들에 대해 무죄를 확정하면서 "이들은 수사기관에 강제 연행돼 불법 구금됐고, 폭행과 협박을 당해 공소사실을 자백했다"며 "이들의 자백 진술은 증거능력으로 인정할 수 없고 그 외 유죄로 인정할 만한 다른 증거도 없다"고 밝혔다.[7] 하지만 이 사건의 주범으로 몰려 사형된 고 전영관 씨 등 3명과 불고지죄로 몰려 억울하게 복역한 피해자들의 억울한 사연은 누가 보상할 수 있을까.

간첩이 제보한 간첩 사건들

남북 간 간첩 역사에서 반드시 기억해야 할 것이 박병엽 사건

이다. 1979년 10·26 사건으로 박정희가 죽자 북쪽은 다시 과
감한 대남 전술을 채택했다. 박정희의 사망으로 남쪽 요인들
의 동요가 극심할 것이라 기대하고 이들을 포섭하려는 공작을
준비했다. 그 대상으로는 대만 주재 대사로 있던 전 공군 참모
총장 옥만호가 선정되었다. 당시 북한 대남 사업 부서의 핵심
적인 자리에 있던 옥만호의 죽마고우 박병엽은 대만에 잠입하
려는 계획을 세웠다. 그러나 어떤 연유인지 대만 정보 당국이
이 계획을 포착하여 잠입하려던 박병엽 일행을 체포하여 남한
당국에 넘겨주었다.

  박병엽은 기가 막힌 기억력의 소유자였다. 그는 북한에서 정
권 수립기의 기밀 자료를 정리한 경험이 있는데, 그 내용을 완
벽하게 기억하여 《비록 조선민주주의인민공화국》이란 대단히
가치 높은 책을 펴내었다.[8] 중앙정보부는 박병엽으로부터 대남
사업과 관련된 고급 정보를 많이 캐냈다고 한다. 그의 제보가
결정적인 단서가 되어 김정인·석달윤 사건(1980년), 정춘상 사
건(1980년), 박동운 사건(1981년), 송씨 일가 사건(1982년) 등 여
러 건의 간첩단 사건이 발생했다. 이때는 김재규의 박정희 살
해 사건으로 중앙정보부가 역적기관이 되어 보안사에 의해 초
토화된 직후였다. 전두환이 중앙정보부장 서리를 겸하면서 약
간 힘을 회복한 중앙정보부는 박병엽으로부터 얻어낸 정보를
토대로 화려한 부활을 꿈꾸었다. 중앙정보부가 박병엽이 제공
한 정보를 토대로 기대 밖의 성과를 거둔 사례로 전남 보성의

명문가 출신 정춘상(이순신 장군의 종사관이었던 정경달의 후손)을 적발한 것을 들 수 있다. 정춘상의 아버지 정해룡은 신식 교육을 받지는 않았지만 진보적이고 민족적인 개명 지주로서 여운형을 도와 헌신한 혁신계의 중심인물이었다. 그의 두 살 아래 동생 정해진은 경성제대를 졸업하고 당시로는 드물게 동경대 대학원을 다닌 수재인데 그만 북으로 가버렸다. 그 정해진이 김일성의 특명으로 야밤에 고향 집을 찾아 형에게 자신과 함께 북에 다녀오자고 권유했다. 늘 당국의 감시를 받던 정해룡은 자신이 자리를 비울 경우 의심을 산다면서 자고 있던 큰아들 정춘상을 깨워 "네가 다녀오너라" 했고, 정춘상은 두말없이 아버지의 분부대로 북에 다녀왔다.[9] 이런 과정을 거치면서 정해룡에게 조선의 카스트로(Fidel Castro)가 되라는 김일성의 친서와 함께 상징적으로 기관총 한 정이 전해졌다고 한다. 그 후 정해룡은 고혈압으로 갑자기 세상을 떠났고, 아버지가 난수표를 어딘가 너무 잘 간수해둔 덕에 정춘상은 그만 끈 떨어진 간첩이 되고 말았다. 그리고 10여 년이 지나 중앙정보부원들이 들이닥쳤다. 정춘상의 집에서 기관총이 나오자 중앙정보부는 만세를 불렀다(정춘상은 1985년 10월 31일에 사형을 당했다).[10]

박병엽이 제공한 첩보로 놀라운 성과를 거둔 안기부(국가안전기획부의 약칭, 중앙정보부가 1981년 1월 1일부터 이름을 바꿈)는 그가 제공한 두 가지 다른 첩보를 깊이 파고들었다. 하나는 송충건, 즉 송씨 성을 가진 인물이 충청도에 지하당을 건설한다

는 첩보였다. 안기부는 충북 음성 출신으로 월북했다가 1960
년 4월 혁명 직후 남파되어 동경 유학 시절의 친구였던 민주당
정권의 전 재무부 장관 김영선 의원을 방문[11]한 바 있던 송창
섭을 송충건으로 지목했다. 안기부 청주지부가 처음 이 사건
을 떠맡았는데, 충청북도는 해안선이 없어 통행금지도 없고
자고로 간첩도 침투해본 적이 없는 지역이었다. 간첩 수사를
(따라서 조작도!) 해본 적이 없던 안기부 청주지부는 두 달 동안
사건을 주물러 터뜨릴 뿐, 물건을 만들어내지 못했다. 안기부
본부는 이 사건을 서울로 이첩, 또다시 두 달 동안 관련자들을
고문하여 그 유명한 송씨 일가 간첩단 사건을 조작했다.[12]

박병엽의 또 다른 제보는 진도에서 박씨 성을 가진 월북자를
중심으로 지하당 공작이 진행되고 있다는 것이었다. 안기부는
충청도에서 송창섭을 송충건이라고 추정할 때와는 달리 진도
에서는 애를 먹었다. 기록을 모두 살펴봐도 진도 출신 박씨 성
을 가진 월북자가 없었던 것이다. 겨우 찾아낸 것이, 박영준이
란 인물이 전쟁 시기에 행방불명되었다는 사실이었다. 안기부
는 환상적인 가정법을 동원했다. 전쟁 때 행방불명된 박영준
이 한 번도 고향에 오지 않은 것으로 보아 살았다면 북으로 갔
을 것이고, 북으로 갔다면 남파 공작원으로 선발되었을 확률
이 높을 것이고, 남파 공작원으로 내려왔다면 당연히 마누라
와 아들을 만났을 것이고, 아들 박동운을 만났다면 당연히 대
동 입북했을 것이고, 박동운이 입북했다면 당연히 무전기를

갖고 내려왔을 것이고, 안기부의 수사망이 좁혀왔다면 박동운은 당연히 무전기를 파괴하여 증거를 인멸했을 것이다. 이렇게 해서 박동운은 영문도 모르는 채 간첩이 되었다. 안기부가 증거랍시고 제출한 것은 나무 막대기였다. 박동운이 이 나무 막대기에 자귀날을 끼어 무전기를 파괴했다는 것이었다.[13]

누구도 관심 갖지 않았던 납북어부들

2007년 국정원 과거사위 활동의 마지막 해에 간첩 사건을 조사할 때였다. 조작이 의심스러운 수많은 사건 중 피해자들이 특히 억울함을 호소하는 사건 16건을 추려 기록을 복사했더니 그야말로 산더미 같았다. 인력과 남은 시간을 감안할 때, 잘해야 2건 정도 상세한 조사를 할 수 있을 것 같았다. 무리해서 큰 사건 하나(송씨 일가 간첩단 사건), 중간 규모 하나(박동운 등 진도 간첩단 사건), 작은 규모 두 개(정영 사건, 차풍길 사건)를 고른 뒤 나머지는 눈물을 머금고 미뤄두었다.

처음에 납북어부 사건으로 시작한 정영 사건은, 국가 최고 정보기관의 태도를 확인할 수 있었다는 점에서 흥미로웠다. 불쌍한 납북어부 조져서 간첩 만드는 치사한 짓은 시골 보안대나 바닷가 경찰들이나 하는 짓이라는 나름대로의 '철학'과 자부심이 있었던 것이다. 정영은 납북어부였는데, 재수 없게도 얼굴도 잘 모르는 먼 친척이 전쟁 통에 북으로 가버렸다.

이 사건을 택할 때 민주화실천가족운동협의회(민가협)의 송소
연 선생이 정영 선생에게 직접 사건에 대한 이야기를 들어보
니 너무나 억울하고 조작이 확실했다. 한 가지 꺼림칙한 것은
이 사건이 간첩이 제보한 간첩 사건이라는 것이었다. 간첩이
제보한 간첩 사건! 내게도 무언가 확실한 실체가 있는 사건인
듯 여겨졌다. 다른 세 사건이 조작된 것이라는 확신이 있었기
에 이 사건을 조사하는 것이 의미 있겠다는 생각이 들어 밀고
나갔다.

간첩이 제보한 간첩 사건의 실체를 조사하다 보니 참으로 기
가 막혔다. 정영이 살던 미법도는 강화도에서 배를 타고 들어가
석모도 동쪽의 선착장에 내려 버스를 타고 서쪽의 부두로 간 뒤
다시 배를 타고 들어가야 하는 작은 섬이었다. 겨우 100여 호가
사는 작은 섬에서 간첩 사건이 5건이나 터졌다(1건은 옆 섬 거주
자). 모두 같은 날 같은 배를 타고 납북됐던 사람들이 차례로 두
들겨 맞고 간첩이 된 것이다. 그 간첩이 두들겨 맞으며 다른 어
부를 지목하면 꼬리에 꼬리를 물고 간첩이 되었다. 정영은 그
마지막 희생자였다. 앞의 두 사건을 만들어낸 자가 바로 이근안
이었고, 이근안은 이 공으로 1979년에 조선일보사가 주는 청룡
봉사상을 수상하여 경위에서 경감으로 특진했다.[14]

정영은 이근안이 왔다 갔다 할 때 그를 집에서 재워주기까지
했고, 이근안이 무언가 땅에서 파낼 때 그것을 보았다고 법정
에 나가 증언까지 해주었는데 간첩이 되었다. 정영은 1982년

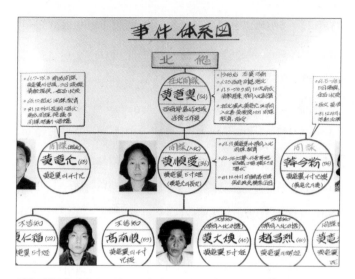

事件体系図

北 傀

在北間諜
黃甲翼 (54)
西海岸 島嶼地域 諜報工作員

黃甲仁 (63)
黃甲翼의 4寸兄

間諜 (入北)
黃順愛 (36)
黃甲翼 5寸姪
(黃甲仁의 長女)

間諜
韓今粉 (54)
黃甲仁의 4寸姨母
(黃甲仁의 妻)

黃仁福 (22)
黃甲翼 5寸姪

高南順 (69)
黃甲翼의 4寸 兄嫂

黃大煥 (40)
黃甲翼 5寸姪

趙二烈 (40)
黃甲翼의 甥姪

黃甲
右

인천 강화군의 미법도는 겨우 100여 가구가 사는 작은 섬이다. 이 섬에서만 간첩 사건
이 4건 터졌다. '고문기술자'로 악명 높은 경찰 이근안은 미법도 간첩 사건을 적발한 공
으로 1979년 조선일보사가 주는 청룡봉사상을 수상해 경감으로 특진하기도 했다. 국가
안전기획부(현 국가정보원)가 만든 미법도 납북어부 간첩단 사건 체계도.

안기부 본부에 잡혀가 조사를 받은 뒤 이제 아무 걱정 없이 살
아도 된다는 말과 함께 무혐의 방면되었는데, 1년 뒤 안기부
인천지부에 연행되어 모진 고문 끝에 다시 간첩이 되었다. 초
등학교도 제대로 못 나온 가난한 어부들. 그 당시 지식인들은
그래도 잡혀가면 변호사도 대고 누군가가 떠들어주고 했지만
아무도 도와줄 사람이 없는 조그만 섬의 어부들은 줄줄이 사
탕으로 간첩이 되었고, 이근안은 이런 지능적인 빨갱이들과의
심문 투쟁은 하나의 예술이라고 주장했다. 국선 변호인은 억

울하다는 정영에게 죄를 인정하고 판사의 자비를 빌라고 강권했고, 법정에서 궁둥이 살짝 들어 "선처를 바랍니다"라는 한마디로 변론을 끝냈다.[15]

　기록을 정리하다 보니 이 사건의 배심 판사가 그 당시 내가 같이 조사하고 있던 사법부 독립성 문제와 관련하여 중요한 증언을 해주기로 한 분이었다. 그분이 미법도에 현장검증을 나갔다는 기록을 찾아서 속으로 쾌재를 부르며 면담 날 이 사건에 대해 여쭤봤더니 거의 기억을 하지 못하는 것이었다. 현장검증 이야기를 꺼내니 어딘가 섬에 갔었다는 기억이 난다기에 자세한 얘기를 해달라고 했더니 경치가 참 좋았다는 것 이외에는 아무 생각이 안 난다고 했다. 화가 나서 좀 퉁명스럽게 어찌 그럴 수가 있느냐는 식으로 따졌더니, 판사 입장에서 수많은 사건을 다루게 되는데 피고인이 법정에서 공소사실을 인정하며 선처를 부탁하고 변호인도 선처를 부탁하면 판사는 당연히 국가기관인 1차 수사기관과 검찰이 정리해온 기록을 믿고 그대로 판결할 수밖에 없다는 것이었다. 1980년대 초반만 해도 사람들이 순진해서 중앙정보부나 안기부가 이렇게 사건을 조작하리라고는 생각하지 않았던 것이다.

조작의 두 가지 다른 사례

당시 방첩 당국은 멀쩡한 사람을 두들겨 패서 간첩으로 만들기도 했지만, 필요에 따라 멀쩡한 간첩의 침투 시기와 목적을 조작하여 대대적으로 선전하기도 했다. 그 대표적인 사례로 광주 항쟁이 한창 진행 중일 때 검거되었다고 발표된 홍종수를 들 수 있다. 1980년 5월 24일에 경찰은 "최근 학생 및 시민 시위가 극렬한 광주시에 잠입, 이들의 시위를 무장폭동으로 유도하고 유언비어를 날조·유포하려는 목적으로 남파된 북괴간첩 이창룡을 5월 23일 서울에서 검거"했다고 발표했다.[16]

당국은 검거된 간첩의 이름이 이창룡이라고 했지만 그의 실제 이름은 홍종수였다. 경찰은 홍종수가 5월 20일에 침투하였고, 북한이 "국내 소요 지역에서 즉각 암약할 수 있는 특수 훈련된 간첩을 대량 남파"시키고 있으며, 홍종수도 "이번에 광주 일원에서의 공작 임무를 띠고 남파"[17]되었다고 주장했다. 광주 항쟁을 진압한 뒤인 5월 31일에 계엄 사령부는 "이 사태를 최악의 상황으로 몰아넣은 원인은 북괴의 고정간첩과 이에 협력하는 불순 위해분자들의 책동 흔적이 있는데, 23일 검거된 간첩 이창룡의 진술과 당국에서 포착한 몇 가지 징후가 일치 실증"[18]하고 있다고 발표했다.

그러나 홍종수가 북한을 출발한 것은 광주 항쟁이 일어나기 일주일 전인 5월 11일이었고, 남해안에 상륙한 것은 5월 16일이었다. 광주 항쟁을 무장폭동으로 유도할 목적으로 남파되었다는 것은 터무니없는 날조였다. 홍종수에게 부여된 실제 임무는 속칭 '끈 떨어진 간첩', 즉 자수하거나 검거된 것은 아닌

데 난수표의 분실 등으로 북한과의 연계가 끊어진 남파 간첩
의 선을 다시 이어주기 위한 것이었다.[19] 이후 전향한 홍종수
는 자신이 접신하려 했던 끈 떨어진 간첩에 대한 정보를 제공
하여 그 일가족이 검거되게 만들었고, 그의 제보를 바탕으로
이근안이 함주명 간첩 사건을 조작했다. 홍종수는 이 밖에도
서울시경 대공전략연구소, 공안문제연구소 등에 근무하면서
신학철 화백의 유명한 그림 〈모내기〉가 북한을 찬양하는 국가
보안법 위반 작품이라고 감정하는 등 무수한 국가보안법 사건
에서 사상 감별사로 활약했다.[20]

간첩 조작은 안기부만 한 것이 아니다. 안기부를 상대로 자
기가 북한을 탈출한 의사라고 거짓 진술하면서 의사 자격을
인정받으려 하다가 간첩으로 몰려 사형당한 인물이 있다. 비
극이라고 하기엔 너무 우습고, 희극이라고 하기엔 너무 슬픈
사건이었다. 국민학교 교사였던 김진모는 동료 교사와 결혼하
여 가정을 꾸렸지만 교직원 20여 명의 봉급을 횡령하여 복역
후 서독에 광부로 갔다. 현지에서 간호사와 동거를 하게 된 김
진모는 부인이 대사관에 진정하여 강제 송환시키겠다고 협박
하자 귀국하여 오히려 부인이 바람을 피웠다는 억지를 씌워
구타했고 이 바람에 부인은 음독자살을 시도하는 등 심각한
가정불화를 겪었다. 다시 독일로 돌아간 김진모는 무언가 탈
출구가 필요했는지 북한 대사관원에게 접근하여 1977년 10월
에 북한으로 가 24일간 평양 초대소에 체재하면서 노동당에

입당했다. 그 후 김진모는 다시 독일로 돌아와 만하임 시(市) 경찰국에 '북한 의사 박정수'의 신분으로 망명을 신청하여 임시 망명 허가를 받았다.

서독 정부의 주선으로 시립병원 잡역부로 취업한 김진모는 터키인 간호보조원과 결혼하여 딸을 출산했다. 그는 터키인 아내와 더불어 터키로 가 현지 독일계 병원에서 보조 의사로 일하려 하였으나 여의치 않자 터키 주재 한국 대사관에 자신을 서독 정부에 망명한 북조선 의사 박정수라 소개하며 한국 망명을 요청하였다. 김진모는 거짓말탐지기 등 안기부의 귀순 심사를 통과하여 북한 출신 의사로 거의 정착할 뻔하였으나 남쪽 사정에 너무나 정통한 것이 의심을 사 지문 조회 결과 남쪽 출신임이 밝혀졌다.

김진모는 기본적으로 사기꾼이었지만 간첩은 아니었다. 그가 북으로 스며들었던 것은 북한 출신 의사로 위장하기 위해서였다. 남북 분단의 엄혹한 시기에 남쪽과 북쪽 당국을 모두 속이며 의사 신분을 얻어보려고 사기를 친 것이다. 그는 사기 행각이 적발된 뒤에도 자신이 독일 하이델베르크 의대를 졸업한 사람으로 1982년에 귀국하여 서울대에서 특강도 했지만 소련 모스크바에서 열린 의학 세미나에 참석 중 이북 사람을 만나 대화한 것 때문에 간첩으로 몰렸다며 시민사회를 상대로 사기성 농후한 구명 운동을 벌였다. 그의 죄질은 참 나쁜 것이지만 과연 사형까지 당해야 할 만한 죄였을까. 1986년 5월 27

일에 사형이 집행된 김진모는 국가보안법으로 처형된 마지막 인물이었다.[21]

살해당한 것도 억울한데 간첩 누명까지

간첩 조작의 역사에서 빼놓을 수 없는 사건이 1987년 윤태식 사건이다. 1987년 1월 2일, 홍콩 주재 상사원 윤태식은 부부 싸움 끝에 부인 김옥분(일명 수지 김) 여인을 목 졸라 살해했다. 자신이 살길은 북으로 망명하는 것밖에는 없다고 생각한 윤태식은 싱가포르로 가 북한 대사관을 찾았다. 대리대사를 만난 그는 망명을 요청했으나 북한은 그가 범죄자임을 눈치챘는지 호의적인 반응을 보이지 않았다. 당황한 윤태식은 미국 대사관에 찾아가 신변 보호를 요청했지만 미국 대사관은 윤태식을 한국 대사관에 인계했다. 윤태식은 한국 대사관에서 자신과 위장 결혼한 북한 공작원 김옥분이 자신을 북으로 보내기 위해 싱가포르 주재 북한 대사관으로 유인했지만 극적으로 탈출했다고 주장했다.

  당시 안기부 싱가포르 파견관은 윤태식의 진술에 일관성이 없어 그를 의심했고, 싱가포르로 날아온 안기부 해외 담당 부국장 역시 윤태식의 주장이 거짓임을 간파했다. 이들은 안기부 본부에 윤태식의 납치 주장이 허위이니 기자회견 계획을 취소할 것을 요청하였으나 본부에서는 "국가 정책적 차원에서 부장님이 결정한 것"이라며 기자회견을 강행하라고 지시했다. 윤태식은 기자회견에서 싱가포르 주재 북한 대사관 요원들이 "김대중 선생은 민족의 영웅"이며 문익환 목사는 "꺼지지 않는 민족의 햇불"이라고 찬양했으며, 자신이 북으로 가면 '망명 동기'로 야당 의원에게 "정치 자금을 제공했기 때문에 사업이 망했고, 이로 인해 한국 정부로부터 신변 위협을 받아 망명을 결심하게 되었다"고 발언하라는 강요를 받았다고 말했다. 안기부 수사 담당 부서는 (기자회견을 마치고 귀국한) 윤태식에 대한 조사 과정에서 그가 부인 김옥분을 살해하고 이를 은폐하기 위해 싱가포르 주재 북한 대사관을 방문하여 입북을 기도하였다는 자백을 받고 그를 살인죄와 국가보안법상의 탈출죄로 구속 송치할 것을 건의하였지만, 안기부장 장세동은 이미 대통령에게 납북미수로 보고하였고 언론에도 그렇게 보도되었으니 구속하지 말고 "사건을 묻으라"고 지시했다.[22]

1월 26일에 홍콩 경찰이 김옥분 여인의 시신을 윤태식의 아파트에서 발견[23]하였지만, 이때는 박종철 고문치사 사건으로 국내 정세가 뒤숭숭할 때여서 안기부는 이 사건을 꼭꼭 묻어버렸다. 윤태식과 공범이 된 안기부는 혹시라도 그가 마음을 바꾸어 양심선언이라도 할까 봐 전전긍긍했다. 윤태식은 1994년에 카드 빚을 갚지 못해 사기 혐의로 실형까지 살았으나 그후 벤처기업을 설립해 지문 인식 기술을 개발했다 하여 안기부가 그의 뒤를 봐주고 있다는 소문이 파다했다. 실제로 윤태식은 지문 인식 출입문 장치를 안기부에 납품해 떼돈을 벌었다. 윤태식 사건 당시 그를 담당했던 수사관 여럿이 그의 회사에 간부로 취업했고, 5,000원에서 80만 원까지 폭등한 주식을 다량 보유하기도 했다.[24]

  김옥분의 가족들은 살해당한 것도 억울한데 북한 간첩으로 몰렸으니 더욱 기가 막힌다며 백방으로 억울함을 호소하였다. 민주 정권이 들어선 뒤 언론에서 이 사건을 파헤치려고 취재를 시작하자 경찰도 내사에 착수했다. 경찰은 국정원에 윤태식 사건 기록의 열람을 요청하였지만, 당시 국정원 2차장 엄익준은 대공수사국장 김승일을 통해 이무영 경찰청장에게 수사 중단을 요구했고 경찰은 이를 받아들였다. 윤태식은 2003년 5월 대법원에서 살인죄와 뇌물공여죄 등으로 징역 15년 6월의 확정 판결을 받았다.[25] 사건 은폐의 주역 장세동은 공소시효가 지났다는 이유로 처벌받지 않았다.

시대에 따라 변하는 간첩의 양상

1990년대로 접어들면서 북한의 대남 공작 양상도 변화하기 시작했다. 광주 학살의 충격과 학살 정권의 폭압이라는 특수 상황 속에서 1980년대 중반 한국 사회에는 '주사파'가 생겨났고, 극히 일부지만 이북과 직접 손을 잡으려는 세력이 등장했

다(이들의 대부분은 현재는 전향하여 뉴라이트가 되었다). 주사파의
출현으로 북한은 크게 고무되었다. 북한은 1970년 5차 당대회
이후 "남조선 혁명은 남조선 인민의 손으로"라는 구호 아래 적
극적인 대남 전략을 시행하지 않았지만 주사파의 출현과 통일
열기의 고조, 민주화의 진전 등 새로운 상황 변화에 맞춰 적극
적인 대남 공작을 전개하기 시작했다. 특히 북한의 권력 서열
22위이자 정치국 후보 위원으로 알려진 이선실이 서울에 오랫
동안 잠복하면서 다양하게 활동했으며, 1980년 사북 사태의
주역인 탄광 노동자 황인오를 대동하여 입북한 뒤 중부지역당
(일명 남한조선노동당)을 조직한 사건은 큰 충격을 주었다.[26]

　남쪽에 '말이 통하는' 운동권 출신들이 있다는 사실을 확인
한 북한은 이들과 선을 대기 위해 적극적으로 움직였다. 1995
년 10월의 부여 간첩 사건이나 1997년 10월에 적발된 최정남,
강연정 부부 간첩 사건이 그 대표적인 예이다. 부부 간첩 사건
의 경우, 이들은 울산의 재야 단체 간부 정대연을 찾아가 자신
들이 북에서 왔다며 "선생님의 글을 보고 감명을 받았습니다.
공화국에 같이 가실 수 없나 해서 이렇게 찾아뵀습니다"라
고 말했다. 깜짝 놀란 정대연이 자신은 민주화 운동만 할 뿐이
라며 이들의 제의를 거절했다. 사무실로 돌아온 정대연은 이
사건을 안기부가 자신을 떠보는 공작이라 생각하고 당국에 신
고한 뒤 기자회견을 열어 이 사실을 폭로했다. 정대연을 떠보
기 위해 사람을 보낸 적이 없던 안기부는 깜짝 놀랐다. 남쪽

사정에 어두운 부부 간첩은 정대연이 자신들을 신고하고 기자
회견까지 열었다는 사실을 모른 채 그와 다시 만나려고 하다
가 최정남은 검거되고 강연정은 자살했다.[27]

이들은 정대연 이외에도 몇몇 386 출신 활동가들과 접촉했
는데, 이들을 미친 사람 취급하거나 안기부 공작이라 생각하
면서도 거절만 하고 신고까지는 하지 않았던 사람들이 곤욕
을 치르기도 했다. 반면, 일부 주사파들은 북쪽이 내민 손을
기꺼이 잡았다. 한때 〈간첩 박헌영에게서 무엇을 배울 것인
가〉란 글로 남쪽 주사파의 원조 노릇을 했던 김영환은 잠수함
을 타고 북으로 가 직접 김일성을 만났다. 남으로 망명한 황장
엽이 쓴 책으로 주체사상을 달달 외운 김영환은 정작 김일성
을 만나 보니 주체사상에 아무런 관심도 없고 그 내용도 잘 모
르더라며 전향해버렸다. 사상 최대 규모의 '지하 간첩단'이라
는 민혁당의 수괴 김영환은 안기부에서 반성문 쓰고 아무런
처벌을 받지 않은 반면, 그 조직원들 다수는 간첩죄로 처벌받
았다.[28]

간첩 사건에도 흐름이 있다. 1950년대와 1960년대의 간첩
대다수는 북에서 직접 내려보낸 직파 간첩이었다면, 1970년
대와 1980년대의 간첩 절대다수는 재일동포, 납북어부, 월북
자 가족 등 사회적 약자였다. 1990년대에는 통일 문제에 관심
이 많던 운동권 출신들이 간첩의 주된 공급원이 되었다. 1990
년대 말부터 간첩 업계에는 탈북자라는 새로운 블루오션이 등

장했다. 이들 탈북자의 절대다수는 처음부터 '탈북'을 계획했던 것이 아니고 먹을 것을 찾아 국경을 넘었다가 얼떨결에 남쪽으로 오게 된 '얼떨리우스'들이라고 한다.

우여곡절 끝에 남쪽에 정착한 이들은 북쪽에 두고 온 가족을 그리워하며 그들을 데려오기 위해 다시 북쪽을 방문하기도 했다. 그러면서 처음 탈북 과정에서 만났거나 하나원 심사 과정에서 인연을 맺게 된 국정원 직원에게 도움을 청하게 되는 일이 자주 있었다. 일부는 순수하게 도움을 주기도 했지만, 정보요원의 속성상 다른 뜻을 품는 사람도 꽤 많았다고 한다. 이런 과정에서 간첩으로 몰리는 사람들이 나오게 되었다.

북쪽이 탈북자를 가장해 남쪽으로 간첩을 보내는 일은 얼마든지 있을 수 있다. 그러나 2013년 문제가 된 서울시 공무원 간첩 사건과 같이 조작된 것이거나 간첩 사건이라 부르기에 함량 미달인 경우도 많이 있다. 대표적인 것이 2008년 촛불 시위 와중에 발생한 '미녀 간첩' 원정화 사건이다. 간첩 사건의 공소장을 숱하게 보았지만 이 사건의 공소장처럼 민망한 공소장은 보지 못했다. 무슨 공소장이 몇 회에 걸쳐 정을 통하고, 여관에 투숙하고, 동침하고 운운 일색이었다. 이런 함량 미달의 간첩을, 유우성 씨와 같은 억울한 조작 간첩을, 증거 꿰맞추기 같은 해괴한 사례를 언제까지 더 보아야 하는 것일까.

없는 간첩 잡느라 있는 간첩 놓친다

요즘 인터넷에는 없는 것 없이 다 있다. 외국에서 구글 어스 (Google Earth)로 청와대나 국정원 주차장에 세워놓은 자동차 번호판까지 확인하는 건 일도 아니다. 구글링을 잘하면 아주 고급스러운 정보까지 다 손에 넣을 수 있다. 최근의 간첩 사건에서 국정원 대공수사국이 잡았다고 하는 간첩들이 수집한 정보의 가치는 전혀 없다고 해도 과언이 아니다. 정보를 빼내는 간첩만 쓸모없어진 것이 아니다. 남과 북의 국력 차이가 30배 이상 나게 된 상황에서 북쪽 체제의 우월성에 기대어 남쪽 주민을 포섭하는 정치 공작원의 활동 여지(?)는 전혀 없다고 해도 과언이 아니다.

국정원이 한국 민주주의에 암적인 존재가 되었다면, 그 암 중의 암은 바로 대공수사 파트다. 낡은 냉전 논리에 사로잡혀 있는 대공수사국, 아직도 대한민국에 3~5만 명의 고정간첩이 암약하고 있다고 굳게 믿는 대공수사 파트를 갖고서 국정원이 21세기 정보화 시대에 걸맞은 선진국의 국가 최고 정보기관이 될 수 있을까. 대공수사 파트가 금과옥조로 여기는 국가보안법은 21세기 대한민국이 처한 환경에서 간첩을 막아내는 데 별다른 도움이 되지 못한다.

형법상의 간첩죄도 마찬가지다. '적국'이 보내는 간첩만 처벌할 수 있기 때문이다. 지금 한국이 진실로 경계해야 할 것은 미국 간첩, 일본 간첩, 중국 간첩이다. 외국인 간첩일 수도 있고, 한국 국적자로서 여타 국가를 위해 정보와 기밀을 제공하는 내국인 간첩일 수도 있다. 미국이나 중국이나 일본은 반국가 단체도, 적국도 아닌 우방국들이다. 사실 대한민국이 처한 국제 환경에서 진짜 문제가 될 수 있는 것은 바로 우리 주변에 득시글거리는 우방국의 간첩이라 할 수 있다. 북한 간첩과 적국 간첩에만 매달려온 대한민국의 법체계로는 이들을 막아낼 수 없다. 여전히 대한민국은 간첩들의 천국이다.

2

간첩을 만드는
완벽한 방법

조작 간첩은 어떤 과정을 거쳐 만들어질까?[1]
간첩 수사에서 첫 단계는 '내사'이다. 필자가 검토한 조작 간
첩 사건들의 경우, 짧게는 3개월에서 길게는 5년까지 본인은
전혀 모르는 가운데 수사기관의 내사가 이루어졌다. 송씨 일
가 사건이나 진도 간첩단 사건같이 나름대로 신빙성 있는 제
보였지만 헛다리 짚은 경우도 있고, 수많은 납북어부 중에 왜
하필 그 사람이었는지 그저 재수가 더럽게 없었다고밖에는 어
떤 합리적인 이유를 찾을 수 없는 경우도 있다. 국정원 과거사
위원회 시절 내 책임하에 상세한 조사를 진행하여 조작임을
밝혀내고 재심에서 무죄 판결을 받은 간첩 사건은 송씨 일가
사건, 진도 간첩단 사건, 차풍길 사건, 정영 사건 등 4건이다.
네 사건 모두 안기부가 내사에서 공개수사로 전환할 당시, 장
기간에 걸친 내사에도 불구하고 구체적인 범죄의 단서나 혐의
를 전혀 잡지 못한 상태였다. 그저 "조사하면 다 나와"를 외칠

뿐이었다. 일단 피의자를 연행하여 강력수사를 하고, 가택수사를 해보면 구체적인 증거와 자백이 나올 것이라는 기대 속에 무작정 잡아다가 무작정 두들겨 팼다. 장기간의 내사 과정에서 별다른 단서를 포착하지 못한 것은, 내사 대상이 고도로 훈련된 간첩이라 정체를 쉽게 드러내지 않기 때문이라고 믿는다. 내사 기간이 장기화될수록 내사 대상자가 간첩이라는 확신은 더 굳어지고, 장기간에 걸쳐 인력과 자원을 썼으니 반드시 그가 간첩임을 증명해야 한다.

"가보면 압니다." 아마도 조작 간첩이 마지막으로 들은 존댓말일 것이다. 일단 차에 타면 반말과 욕에, 머리를 후려쳐 창밖을 내다볼 수 없도록 했다. 어디로 끌려가는지 알 길이 없었다. 영장의 제시나 미란다 원칙의 고지 같은 것은 간첩 사건에는 적용되지 않았다. 가족들은 물론이고 본인도 자신이 어디로 끌려와 있는지 몰랐다. 고립무원의 상태에서 "너 같은 거 하나쯤 죽어 나가봐야 간첩이 심문받다 자살한 것으로 처리하면 그만"이라는 협박을 받았다.

내란죄나 외환죄 같은 중대 범죄에도 없는 '특별형사소송규정'이란 것이 국가보안법에는 적용된다. 일반 형사 사건의 경우 경찰에서 10일, 검찰에서 20일 동안 수사가 가능한데, 국가보안법 사건은 경찰이나 안기부에서 20일, 검찰에서 30일 등 무려 50일간 '합법적'으로 구금할 수 있다. 이렇게 긴 조사 기간을 받았음에도 간첩 사건 중에 이 기간 내에 조사가 끝난 경우는 거의 없다. 안기부에서 짧으면 40일, 보통 두 달은 기본이었다. 송씨 일가 사건의 경우, 최장 118일까지 변호사나 가족과의 접촉을 차단당한 채 불법 구금되었다. 이것을 저들은 '관행'이라 부른다. 외부에 공개되는 서류 중 수사기관이 제일 먼저 작성하는 것은 '인지동행 보고서'인데, 이 보고서의 연행 날짜는 수사 마무리 단계에서 송치 일자가 정해지면 거기에서 역산해 국가보안법의 특별형사소송 규정에 따른 구금 일수 20일을 넘지 않도록 적당히 조작된다.

볼펜 한 다스를 다 쓸 때까지 쓰고 또 쓴 자술서

검찰이나 경찰에 불려가 조사를 받아본 적이 있는 사람들은 다 절감하겠지만 하루도 엄청나게 긴 시간이다. 그런데 보통 두 달 동안 도대체 무얼 하고 지내는 것일까. 그동안 사람들은 엄청나게 고문당하고 엄청나게 진술서를 써댄다. 몽둥이찜질을 당하면서 "김일성 몇 번 만났어?"나 "이북 몇 번 갔다 왔어?" 같은 터무니없는 질문에도 무조건 답하다 보면 "난수표 언제 찢어버렸어?" 같은 질문은 안도감이 들 만큼 현실적으로 들린다. 그들이 어떤 고문을 얼마나 당했는지는 여기서 길게 이야기하지 않겠다. 1993년 12월에 이른바 남매 간첩단 사건으로 김삼석, 김은주 남매가 안기부에서 고초를 당할 때 당시 내무부 장관 최형우가 사상 문제로 잡혀온 사람은 고문해도 괜찮다는 취지의 발언을 하여 논란이 일었다.[2] 최형우는 김영삼의 오른팔로 오랫동안 민주화 운동을 해온 정치인인 동시에, 유신 직후 계엄 당국에 끌려가 죽도록 고문당한 고문 피해자이기도 했다.[3] 민주화 운동 경력에 고문 피해자이기도 한 문민정부 내무 장관의 인식이 이 정도일진데, 일제 고등경찰 출신이나 그들로부터 고문 수법을 배운 수사관들이 '자기 정체를 보이지 않는 교활한 간첩', '고문을 해도 자백을 하지 않고 견디는 특수 훈련을 받은 악질 간첩'들을 어떻게 대했을까.

1980년대에 학생운동 출신들이 노동 현장에 위장 취업할 때 '학출'인지 여부를 검사하는 방법은 오른손 가운뎃손가락 첫 마디를 만져보는 것이었다. 먹물들은 펜대 잡은 굳은살이 박여 있기 마련이다. 두 달쯤 안기부에서 간첩 수사를 받은 사람은 국민학교 1~2학년 정도나 겨우 다닌 사람이라 할지라도 30년이 지난 오늘까지 오른손 가운뎃손가락에 굳은살을 달고 산다. 간첩으로 몰려 붙잡혀오면 태어나서부터 잡혀올 때까지 모든 사실, 자기가 아는 모든 사람을 쓰고 또 써야 한다. 법정에 제출한 자술서 분량이 얼마 되지 않는다고 그것만 생각하면 안 된다. 그렇게 쓰고 또 써댄 자술서 분량이 웬만한 사람은 아마 허리 높이까지 왔을 것이다. 일반인이 볼펜 한 자루 쓰기 시작해서 잉크가 다 떨어질 때까지 써본 경험이 얼마나 될까. 쓰다 보면 어디론가 없어졌고, 또 내 주머니에 누구 것인지 모를 볼펜이 들어와 있는 법인데, 간첩들은 앉은 자리에서 볼펜 한 다스 정도 쓰는 것은 기본이었다.

증거가 없으니까 간첩이다

간첩은 원래 증거가 없다. 간첩 잡는 보안 사령부의 수장에서
대통령으로 직행한 전두환의 신념이다. 어디 그뿐이랴. 유우
성이 간첩은 맞지만 증거가 없다고 주장하는 국정원에 이르기
까지, 간첩은 증거가 없어도 된다는 믿음은 널리 퍼져 있다.
보안사가 수사한 심한식 간첩 사건이 1987년 항소심에서 무
죄가 났을 때 안기부는 법원이 "입북 사실, 지정 사실 등은 사
실상 입증 불가능"하다는 점을 인정해주지 않는다고 불만에
가득 찬 보고서를 작성했다.[4] 간첩 사건에서 무전기, 난수표,
권총, 독침, 암호문 같은 확실한 증거가 나왔다면 (관련자를 지
나치게 부풀렸다든가, 수사 과정에서 고문이나 불법 구금이 있었는가는
논란이 될지 몰라도) 사건 자체의 조작 의혹은 제기되지 않았을
것이다. 불행하게도 1970~1980년대의 간첩 사건 중에는 위
에 열거한 확실한 증거물이 하나도 나오지 않은 경우가 너무
나 많다.

　1982년 안기부가 수사한 황용윤 사건의 경우, 수사 기록에
아예 증거물 목록이 첨부되어 있지 않다. 안기부 내부 자료에
서도 이 사건이나 이 사건에서 파생된 정영 사건의 부정적인
측면으로 물증이 없다는 점을 들고 있다. 자백밖에는 증거가

1974년 3월 중앙정보부는 '사상 최대 규모'라며 울릉도 간첩단 사건을 발표했다. 사건 발표 뒤 유신 정권은 긴급조치 4호를 선포하고 민청학련 · 인혁당 재건위 사건을 터뜨렸다. 같은 해 4월, 이 사건으로 검거된 32명이 서울형사지법(현 서울중앙지법)으로 첫 재판을 받으러 가고 있다. 사진 출처 《보도사진연감 '75》.

없는데, 만약 피의자들이 법정에서 공소사실을 부인할 경우 방증할 자료가 전혀 없다는 점을 스스로 고백하고 있는 것이다. 바닷가에서 주워온 돌, 북에서 보낸 공작금을 보관했다는 무당 옷 같은 게 증거가 되어 사형이나 무기징역이 떨어졌다. 차풍길은 일본에 갈 때 입었던 옷 주머니에 보고문을 넣고 갔다며 옷이 증거물이 되었고, 송씨 일가 사건의 경우 안기부가 일제 라디오를 증거물로 제시했는데 변호인 측에서 라디오 모델로 생산 연대를 확인하자 안기부에서 간첩 행위가 벌어졌다고 제시한 때보다 뒤라는 사실이 밝혀져 증거물에서 철회하는

촌극을 빚기도 했다.[5]

1970~1980년대 간첩 사건이 발표되면 신문에는 간첩들로부터 압수한 증거물이라며 여러 가지 물건을 늘어놓은 사진이 크게 실리곤 했다. 그런데 정작 사건 기록에 첨부된 증거물 목록과 비교해보면 사진에 있는 무전기나 암호 표 같은 것이 보이지 않는다. 안기부 '소품실'에 있는 재고품이 우정 출연한 것이다.

만약 피의자가 입북한 것으로 조작해서 기소할 경우, 법정에서 북에 다녀왔다고 한 시기의 알리바이가 제시되면 곤란하기 때문에 정상적인 직장 생활을 한곳에서 계속한 사람은 입북 혐의를 쓰지 않는다. 단, 직장을 옮길 경우 옛 직장과 새 직장 사이에 앞뒤로 닷새에서 일주일 정도 공백이 생기기 마련인데 간첩은 이때 북을 다녀온다. 박동운도 그랬고, 송씨 일가 사건의 송기준도 그랬다. 한 건만 보았을 땐 잘 모르지만 여러 건을 놓고 보면 분명히 드러나는 조작의 패턴이다. 안기부가 송기준이 북에 다녀왔다고 주장한 시기에 그가 북에 다녀올 수 없었음을 법정에서 증언해준 김재철은 위증죄로 구속되기까지 했다. 재판부는 김재철의 증언을 인정하여 송기준의 입북 혐의에 대해 무죄를 선고했지만, 김재철은 위증죄로 6개월의 실형을 살았다.[6] 차풍길의 또 다른 증거품은 재일 공작원이 정표로 주었다는 수건인데, 실상 그 수건은 사촌 누나가 준 것이었다. 누나가 차풍길에게 유리한 증언을 하러 입국하자 안기

부는 그를 협박하여 법정에 나오지 못하게 했다.[7]

짜장면이 싸고 맛있다는 것도 국가 기밀

조작 간첩 사건에서 증거보다 더 기가 막힌 건 간첩들이 팔아
먹었다는 국가 기밀, 군사 기밀의 내용이다. 1970~1980년대
에 북한이 내려보낸 진짜 간첩이 몇십 명 되지 않았지만 1,000
여 건 이상의 간첩이 적발된 것은 법원이 인정한 국가 기밀이
고무줄과 같았기 때문이다. 독자 여러분은 국가 기밀을 얼마
나 알고 있는가? 상식적으로 생각하면 대부분의 독자가 국가
기밀 근처에도 못 갔다고 할 것이다. 천만의 말씀, 만만의 콩
떡이다.

　1997년 헌법재판소가 '비공지성'과 '실질비성'을 갖추어야
한다며 국가 기밀의 범위에 대한 엄격한 해석을 내놓을 때까
지 여러분은 걸어 다니는 국가 기밀 덩어리였다. 우리가 아는
모든 것은 국가 기밀이 될 수 있었다. 신문에 난 공지의 사실
일지라도 국가 기밀이다 보니, 경부고속도로는 4차선이고 짜
장면은 싸고 맛있다는 것도 국가 기밀이 되었다. 군대라고는
육해공군만 알던 아주머니가 모임에서 만난 예비역 해병 장성
에게 "아저씨, 해병대는 뭐 하는 데예요?" 하고 물은 것도 해
병대의 성격과 임무에 관한 군사 기밀을 수집·탐지한 것이 되
었다. 대한민국에서 간첩이 줄어든 가장 중요한 이유는 민주

화 이후 법원이 국가 기밀의 성격을 엄격히 해석함으로써 공안 세력의 간첩 영업을 규제했기 때문이다.

간첩을 적발했다는 발표는 중앙정보부-안기부가 자신들의 존립 근거를 과시하는 것이기에 아주 신경을 쓰는 부분이다. 피의자에 대한 무죄 추정의 원칙이나 3년 이하의 징역에 처할 수 있는 피의 사실 공표죄 같은 것도 간첩 사건에는 적용되지 않는다. 간첩 사건을 발표할 때 중앙정보부-안기부는 보도 자료를 돌리고 언론을 조직하여 발표회를 한다. 언론은 받아쓰기 수준으로 이를 보도한다. 이 같은 관행은 보도 자료의 내용이 사실이라 하더라도 피의 사실 공표죄에 해당하는 것이지만, 문제는 보도 자료의 내용이 날조된 공소장에도 나오지 않는 허위 사실로 가득 차 있다는 것이다.

학생 데모가 한창일 때 발표된 송씨 일가 사건의 보도 내용을 보면, 간첩들이 각 대학에 재학 중인 자녀들까지 조직에 끌어들여 학원 동향을 수집·보고해왔으며 학생과 근로자 등의 대정부 투쟁을 선동했다고 하는데,[8] 이런 내용은 공소장은 물론이고 신문조서에도 전혀 나오지 않는다. 송씨 일가 사건 발표 당시 안기부는 방송사로 하여금 충북 음성의 송창섭 생가와 그의 어머니가 경영하던 정미소를 간첩 송창섭이 장기 은신하였던 곳이라 보도하게 했으나, 이런 내용 역시 수사 기록 어디에도 나오지 않는다.

조작의 만능열쇠, 영사 증명

간첩 사건에서 자백은 증거의 왕이라 할 수 있는데, 재일동포 사건이나 일본 관련 사건에는 증거의 왕 자백에 맞먹는 위력을 가진 간첩 조작의 만능열쇠가 하나 더 있다. 서울시 공무원 간첩 조작 사건에서 논란이 된 '영사 증명'이 바로 그것이다. 영사 증명에 관한 깊이 있는 연구를 한 이재승 교수가 지적한 것처럼 영사 증명은 증명되어야 할 사실을 증명된 것처럼 꾸민 '찌라시'일 뿐이다.[9] 간첩 사건에 제출된 영사 증명은 영사의 업무에 포함되지 않는, 아니 원천적으로 포함될 수 없는 것이다. 왜냐하면, 수사 행위는 접수국의 주권 또는 관할권을 본질적으로 침해하는 행위이기 때문이다. 영사가 본국 수사기관의 요청으로 "형사소송의 보조자로, 수사권의 주체로 나서 접수국에서 정보를 취합"하여 영사 증명서를 유죄 인정의 증거로 본국 법정에 제출하는 행위는 자신이 국제법상 불법행위를 저질렀다고 자수하는 것에 다름 아니다.[10]

언제부터 영사 증명이 공안 사건의 만능열쇠로 쓰이기 시작했는지 정확하게 알 수는 없지만, 지금까지 확인된 바로는 1965년의 오진영 반공법 위반 조작 의혹 사건에서 '신원 확인서'란 문서가 처음 등장한다. 이 문서의 작성자는 '박문일'로 되어 있는데, 외교부에는 그런 사람이 재직한 사실이 없다(서울시 공무원 간첩 조작 사건의 이인철은 형식적으로 2013년 8월 외교부

에 '입부'한 것으로 되어 있다)는 것으로 보아 가공인물일 가능성
도 높다.[11]

국정원 과거사위원회 시절 조사한 차풍길 사건은 영사 증명
이 어떻게 날조되는지 보여주는 대표적인 사례. 안기부는
차풍길을 고용한 일본인 사장을 조총련에서 활동하던 제주도
출신 재일 조선인으로 의심했다. 그러나 일본에 파견되어 있
는 안기부 영사가 주변을 탐문하고, 다른 사람을 시켜 본인에
게 확인하고, 일본 공안 당국에 문의해보아도 틀림없는 일본
인이었다. 일본 파견관은 이런 사실을 본부에 보고했으나 본
부에서는 전문을 보내 "첨부 확인서 내용과 같이 영사 증명을
작성 송부"할 것을 지시했다.[12] 그 내용은 안기부 영사가 본부
에 보낸 것과는 정반대로 일본인 사장이 조총련 간부라는 것
이었다.

국방부 과거사위원회에서 이재승 교수 등이 조사한 김양기
사건도 안기부 영사가 작성한 엉터리 영사 증명서가 생사람을
간첩으로 만든 대표적인 사례. 김양기를 포섭한 북한 공작
원은 무려 여덟 살 때부터 조총련 산하 조직의 간부를 지낸 것
으로 되어 있다.[13] 1987년 2월, 재일동포 심한식 간첩 사건에
서 김헌무 판사는 영사 증명의 문제점을 조목조목 지적하며
무죄를 선고한 바 있다. 2006년의 일심회 사건에서도 대법원
은 국정원 영사가 작성한 영사 증명서의 증거능력을 배척했
다. 그럼에도 일편단심 영사 증명에 의존한 것은 세상이 바뀌

어도 변하지 않는, 오로지 북한 간첩을 만들어내야만 국가 안보, 아니 철밥통 안보를 지킬 수 있는 국정원이었다.

우리가 반드시 기억해야 할 것은 '한 마리'의 간첩이 나오기 위해서는 수많은 자들의 팀플레이가 있어야 한다는 점이다. 비단 중앙정보부, 안기부만이 짜고 치는 것이 아니라 언론이 받쳐주고, 검찰이 법률적으로 포장해주고, 판사가 고문당했다는 호소에도 바짓가랑이 들어보라 하지 않아야 하는 것이다. 우리 사회의 시스템이 총체적으로 조작의 한 부분을 맡아 팀플레이를 해가며 간첩을 만들었던 것이다.

1970년대 이후 적발된 간첩들 중에서 현재의 국가 기밀 개념을 적용한다면 간첩죄로 유죄를 받을 사람은 거의 없다고 해도 과언이 아니다. 간첩은 처음에 무서운 존재였다. 그러나 언제부터인가 남들 다 아는 걸 혼자 모르는 놈을 "저 자식 간첩 아냐"라고 손가락질하는 데서 알 수 있듯이, 간첩은 조롱의 대상이 되었다. 나는 간첩보다, 누구나 간첩으로 만들 수 있는 간첩 잡는 사람들이 더 무섭다.

3

간첩 조작의
훼방꾼들

　　간첩 조작이 항상 성공하는 것은 아니다. 요
즘 재심에서 무죄 판결을 받는 간첩들이 많지만 그 엄혹했던
독재 정권 시절에도 무죄를 받는 일이 드물지 않았다. 비록 상
급심에서 뒤집혀 결국 사형이 집행되었지만 조봉암도 1심
(1958년 7월, 유병진 판사)에서 간첩죄 무죄 판결을 받았다. 조봉
암에 대한 판결이 나오기 직전은 아마도 한국 사회에서 간첩
죄에 대해 가장 높은 비율로 무죄 판결이 나온 시기였을 것이
다. 1958년 1~5월 서울지방법원에서 간첩죄로 재판받은 50
명 중 34퍼센트에 해당하는 17명이 1심에서 무죄를 받았고 집
행유예가 나온 사람도 2명이었다.[1] 조봉암뿐이 아니었다. 당
시 사회적으로 큰 파장을 불러온 박정호 사건, 장건상·김성숙
사건, 류근일(《조선일보》의 그 류근일!) 사건 등이 모두 1심에서
무죄가 선고되었다.

　1960년대에 화제가 된 조작 간첩 사건으로는 무기징역을 받

은 지 11년 만인 1962년 11월 재심에서 무죄로 판명된 김성구 사건을 들 수 있다. 전쟁이 한창이던 1951년, 문전걸식을 하던 열다섯 살 소년 김성구는 시민증을 소지하지 않았다는 이유로 혹심한 고문을 받은 끝에 간첩이 되어 무기징역을 받았지만 11년이 흐른 후 그 어머니가 보관하고 있던 시민증이 재심에서 증거로 제출되어 무죄 판결을 받았다. 고문에 의한 자백 외에는 아무런 증거가 없던 이 사건의 판결을 뒤집고 무죄를 선고한 이는 뒤에 1971년 서울형사지법 수석부장판사로 사법파동 당시 중요한 역할을 했던 유태흥 판사였다.[2] 가슴 아픈 일은 그가 대법원장으로 있던 1980년대 전반은 가장 추악한 간첩 조작이 빈번하게 일어난 시기였다는 점이다. 1960년대에 주목해야 할 또 다른 간첩 사건은 〈경향신문〉 사장 이준구가 간첩으로 몰린 일이다. 다른 이유는 없었다. 박정희가 〈경향신문〉을 갖고 싶어 했기 때문이다. 이준구는 신문사를 지키기 위해 1년이 넘게 버텼지만 6척 장신의 거구가 42킬로그램으로 쪼그라들 만큼 고생하다가 주식을 양도하고서야 간첩죄를 벗을 수 있었다.[3] 세상을 떠들썩하게 한 1967년의 동백림 사건에서도 간첩죄 부분은 결국 다 무죄가 나왔다. 중앙정보부는 무죄 판결이 나오자 "빨갱이 판사는 북으로 가라" 등등의 벽보를 내붙이기도 했다.

조작의 가장 큰 걸림돌은 양심적인 대쪽 판사

사법 파동과 유신을 거친 1970년대에는 사법부가 완전히 평정된 탓인지 간첩 사건에서 무죄가 난 경우가 거의 없다. 그러나 1980년대에는 드물게 무죄가 나기 시작했다. 가장 대표적인 것은 대법원에서 두 번이나 무죄 판결이 나왔던 송씨 일가 간첩단 사건이다. 1심과 2심 재판은 대체로 안기부가 원했던 대로 진행되었지만 사건이 대법원으로 올라가자 안기부는 긴장했다. 사건의 주심을 맡은 이일규 대법원 판사가 그 직전 재미동포 홍선길 간첩 사건에서 무죄를 선고했기 때문이다.[4] 재심에 들어가면서 송씨 일가의 중심인물인 송기복 선생과 나눈 이야기지만, 송씨 일가는 간첩으로 조작되는 날벼락을 맞은 사람들 중에서는 '축복받은 간첩'이었다. 그래도 그들은 황인철, 홍성우, 조준희, 박재승, 이범열 등 당대 최고의 인권 변호사들을 만날 수 있었고, 그들을 변호사로 모실 재력이 있었고, 함세웅 신부 등 일부지만 사회운동 세력과 종교계의 관심과 지원을 받을 수 있었고, 좋은 판사를 만나 대법원에서 무죄도 받을 수 있었다.

이일규 판사는 엄혹했던 시절, 송씨 일가 조작 간첩 사건에 무죄 판결을 내린 덕에 민주화 초기 대법원장이 되었다고 해도 과언이 아니다. 야심 차게 추진한 송씨 일가 사건에서 무죄가 선고되자 안기부와 대법원은 발칵 뒤집어졌다. 안기부 자료에 따르면, 대법원장 비서실장 가재환 판사는 대법원장 유태홍에게 이일규의 판결이 확정될 경우 앞으로 수사기관의 간첩 조사가 불가능하고 재판에도 큰 문제가 될 것이라고 보고했다. 안기부는 이일규에게 보복하기 위해 한 달 가까이 그를 미행했지만, 고지식한 이일규는 집과 대법원만 오갔을 뿐이고, 밥도 구내식당에서 먹거나 밖에서 먹어도 대법원 판사끼리만 먹었고, 두 번 골프 친 것도 대법원 판사끼리만 쳐서 아무런 꼬투리를 잡히지 않았다.[5]

1988년 6월, 소장 판사들이 군사 정권에 협력했던 사법부의 자기반성을 촉구하자 고위 법관들은 격앙했지만 김용철 대법원장은 젊은 판사들을 격려하며 흔쾌히 자리에서 물러났다. 누가 새 대법원장이 되느냐에 큰 관심이 쏠렸을 때, 노태우는 서울형사지법원장 출신으로 군사 정권에 협력하여 영달한 대표적인 정치 판사 정기승을 대법원장 후보로 지명했다. 김종필의 고등학교 후배인 그가 여소야대 국면에서 공화당의 지지를 받을 수 있을 것이라 계산했기 때문이다. 그러나 정기승에 대한 임명 동의안 등이 부결되자 새 대법원장은 야당이 받아들일 수 있는 인물인 대쪽 판사 이일규가 될 수밖에 없었다.[6]

송씨 일가는 참으로 축복받은 간첩이었다. 송영섭 같은 가족들은 간첩이 된 식구들을 끝까지 믿고 지지해주었다. 그들은 김재철 같은 정의로운 시민을 만나 안기부가 날조한 입북 혐의에 대해 무죄를 받을 수 있었고, 뒤에 현대사의 대가가 되는 서중석 같은 기자를 만날 수 있었다. 한참 세월이 흐른 뒤에도 조용환, 이석태 같은 2세대 인권 변호사나 송소연 같은 민가협 활동가들이 나타나 진실규명을 위해 노력했다. 이런 노력이 있었기에 국정원 과거사위원회와 진실화해위원회에서 다른 사건들보다 먼저 진상규명이 되었고, 당사자들도 용기를 잃지 않고 싸워 마침내 무죄를 받아냈다. 그리고 먼저 재심에서 무죄를 받은 이들은 아직 진상이 규명되지 않은 이들의 문제를 해결하기 위해 노력하고 있다.

1980년대의 조작 간첩 사건과 관련하여 빼놓을 수 없는 사람이 김헌무 판사이다. 진도 간첩 사건의 1심 재판장이었던 김헌무는 아무 증거도 없는 박동운에 대해 사형 판결을 내려 지탄을 받았다. 석 달 뒤 김헌무는 살인 혐의를 쓴 고숙종 여인 사건에서 고문에 의한 자백의 증거능력을 배척하는 획기적인 판결을 내렸다. 김헌무는 1987년 2월에 열린 재일동포 심한식에 대한 간첩 사건 항소심에서 원심을 깨고 무죄를 선고했다.[7] 그는 심한식이 북한 공작원의 지령을 받았다는 것에 대한 증거가 없고, 검찰 조사에 신빙성이 없고, 피고인이 불법 구금되었고, 피고인이 북한 공작원과 만났다는 초밥집이 존재하지 않는다는 등 조목조목 무죄의 이유를 들었다. 김헌무가 이 판결을 내렸을 때 전두환은 '간첩이 무슨 증거가 있다고 무죄 판결을 하느냐, 아직도 이런 판사가 있느냐, 이런 판사가 어떻게 고등법원 부장판사까지 되었느냐, 대법원장과 법원행정처장은 뭐 하느냐고 짜증을 내 사법부가 발칵 뒤집혔다고 한다.[8] 그러나 김헌무는 한 달 뒤에도 납북어부 강종배 사건의 재판에서 영장 없이 87일간의 장기 불법 구금 상태에서 이루어진 피고인의 자백을 인정할 수 없다며 간첩죄 부분에 대해 무죄 판결을 내렸다.

노무현 대통령 당시 중앙선거관리위원으로 일한 김헌무는 원래 대구·경북(TK) 본류에 속한 극히 보수적인 인물로, 선관위가 노무현의 발언이 선거법 위반이라고 결정하는 데 주도적인 역할을 한 바 있다.[9] 김준보 간첩 사건에서 장기간의 불법 구금과 고문 상태에서 이루어진 자백의 증거능력을 인정하지 않고 무죄 판결을 내린 이용우 판사도 대법관이 된 뒤 2004년 9월 대법원 판결을 통해 국가보안법 폐지론을 정면 비판했다.[10] 조작 간첩에 대한 판단은 진보·보수의 이념 문제가 아니었다. 한국에서 이렇게 많은 조작 간첩이 나올 수 있었던 것은 보수적인 인사들이 양심을 저버렸기 때문이다. 부림 사건에서 국가보안법 부분에 대해 일부 무죄 판결을 내렸다가 불이익을 당한 서석구 판사도 지금은 수구 진영의 선봉장으로 활동하고 있지 않은가.[11]

용감한 우파 변호사, 태윤기

조작 간첩 사건과 관련하여 우리가 꼭 기억해야 할 사람은 태

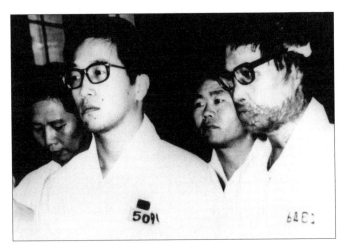

1971년 4월 대선 직전에 터진 재일동포 간첩단 사건의 서승(오른쪽), 서준식 형제. 태윤기 변호사는 서씨 형제의 변호를 맡는 등 이승만 정권 시절부터 전두환 정권 시절까지 위험한 시국 사건 변호를 맡았다. 독재 정권은 그의 변호사 자격증을 박탈하는 탄압으로 보복했다.

윤기 변호사이다. 태윤기는 "일본 거점 우회 침투 간첩만 총 14건을 수임"했다고 안기부 보고서에 나올 정도로 억울한 재일동포 사건을 도맡아왔다.[12] 웬만한 인권 변호사들도 꺼리던 간첩 사건을 이렇게 많이 맡을 수 있었던 것은 그가 장준하와 마찬가지로 일제 말 학병으로 징집되었다가 탈출하여 광복군에 투신한 민족주의자인 동시에 군법무관 출신 예비역 육군 대령이었기 때문이다. 흠 잡을 수 없는 보수 우파 경력의 태윤기는 용감하게 조작 간첩들을 위해 일하다가 안기부에 끌려가고 변호사 자격까지 박탈당했다.

태윤기는 안기부가 수사한 재미동포 홍선길의 무죄 판결을 끌어낸 데 이어, 또다시 안기부가 수사하여 1심과 2심에서 사형 판결을 받은 재일동포 손유형 사건을 맡아 대법원에서 파기환송 판결을 받아냈다. 안기부는 고등법원에서 이 사건에 대해 다시 사형 판결을 이끌어냈는데, 대법원 재상고심이 벌어지는 가운데 태윤기는 일주일간 안기부에 끌려가 조사를 받았다. 그가 안기부에 잡혀간 이유는 일본에 있는 손유형의 가족에게 1·2·3심과 파기환송심 판결문과 공판조서 등을 복사해주었다는 것이었다![13] 변호인이 피고인 가족에게 공판 기록을 복사해준 것은 너무나 당연한 일이지만, 문제는 안기부가 간첩 행위의 증거물이라고 제출한 여권의 압수 경로가 수사 기록에 허위로 기재되었다는 점이었다. 안기부가 압수 경로를 허위로 기재한 이유는 안기부원이 일본 내에서 활동하고 있다는 것을 감추기 위해서였다. 1973년 김대중 납치 사건 이후 안기부원의 일본 내 불법 활동은 극히 민감한 문제였기 때문이다.

변호인이 일주일간 안기부에 감금되어 조사받는 무시무시한 분위기 속에서 손유형은 대법원 재상고심에서 사형이 확정되었다. 안기부는 공판 기록의 해외 유출을

태윤기 변호사

문제 삼아 태윤기를 잡아왔지만, 변호인이 기록을 피고인 가족에게 주었다는 사실을 문제 삼는 것이 말이 안 된다는 것 정도는 알고 있었다. 그래서 찾아낸 것이, 태윤기가 법원에서 공판 기록을 복사할 때 방대한 양의 기록을 복사하느라 고생한 법원 직원에게 고맙다고 저녁이나 하라며 작게 성의를 표시한 것이었다. 이를 최고 징역 15년에 처할 수 있는 뇌물공여죄로 몰고 간 것이다.

태윤기는 형사 처분은 면했지만, 존경받는 판사와 변호사들도 참여한 징계위원회에서 만장일치로 변호사 제명 결정을 받았다. 그가 대법원에 제명 처분과 관련하여 재항고했을 때 안기부는 대법원 판사 정태균을 '조정'하여 기각 결정을 내리게 했다. 태윤기는 6월 항쟁 후 징계위원들과 징계위의 조사 담당 검사 최병국(부림 사건의 그 최병국)을 서울지검에 고발했는데, 최병국이 공안2부장으로 있던 서울지검은 피고소인 조사도 하지 않고 이들을 모두 불기소 처분했다. 고등법원과 대법원을 거쳐 태윤기는 마지막으로 헌법재판소를 찾았으나 징계위원회의 한 명이었던 조규광이 소장으로 있던 헌법재판소는 태윤기의 헌법소원에 기각 결정을 내렸다.[14]

억울한 이들에게 손길을 내민 이웃들

한국 사회의 민주화는 법원의 변화를 가져왔고, 법원이 바로

선 것은 억울한 조작 간첩 사건이 거의 사라지게 되는 데 결정적인 역할을 했다. 한꺼번에 이루어진 것은 아니지만 1990년대를 거치면서 법원은 고문에 의한 자백이나 변호인의 조력을 받지 않은 자백을 증거로 인정하지 않게 되었고, 모호하기 짝이 없던 '반국가 단체 구성원과의 지령 수수 관계'에 대해 상대방이 북한 공작원임을 알아야 한다는 기준을 제시했다.[15] 국가 기밀에 대해서도 신문이나 방송에 난 공지의 사실일지라도 북한에 알려져 도움이 되는 사안이면 무조건 기밀이라고 인정하던 어이없는 판례는 깨져버렸다. 법원이 정말 사람들이 모르고 접근할 수 없는 것만을 국가 기밀로 인정하는 상식을 회복하면서 조작 간첩은 사라졌다.

마지막으로 조작 간첩으로 몰린 사람들에게 비유가 아니라 진짜로 돌을 던지고 침을 뱉은 사람들도 있지만, 억울한 그들에게 기꺼이 도움의 손길을 내민 이웃이 있었다는 사실을 우리는 기억해야 한다. 차풍길이 간첩이 되었을 때 안기부나 경찰의 압력에도 불구하고 탄원서를 써준 수백 명의 이웃들이 있었고, 엄마가 간첩으로 몰려 감옥에 가 있을 때 아이들을 잘 돌보아 전교 학생회장까지 만들어준 담임 선생님과 친구들도 있었다. 뒤늦게나마 억울한 조작 간첩들의 사연에 귀 기울이고 자기 일처럼 열심히 뛰어준 인권 운동가와 인권 변호사들이 있었고, 진실을 외면하지 않고 과거 선배들이 범한 잘못을 진심으로 사죄한 재심 판사들도 있었다. 이 모든 사람들의 노

력이 조금씩 조금씩 분단의 상처를 치유해가는 동안 조금도
달라진 바 없는 국정원이 우리 가슴을 예리한 칼로 북북 찢어
놓고 있다.

3

내란 공화국,
대한민국

대한민국은 내란 공화국이다.

너무나 많은 내란이 있었고, 이

쪽이든 저쪽이든 내란에 휘말린

인물들이 한국 정치를 좌지우지

했다. 이력서에 어느 쪽으로든

내란죄 한 줄 들어가지 않으면

대통령을 꿈꿀 수 없다고 해도

과언이 아니다.

1

각하들도 피하지 못한
내란의 추억

2013년 8월, 김기춘이 청와대 비서실장에 임명된 직후 나는 〈오마이뉴스〉의 요청으로 제법 긴 인터뷰를 했다. 그때 나는 앞으로 어떻게 될 것 같으냐는 질문에 "정말 걱정"이라고 말했다. "박근혜 정권은 '김기춘-남재준의 투톱 체제'로 민중을 탄압할 것"이라면서 "'민주주의의 용산참사'가 다가오는 거 아닌가 하는 생각이 들 정도다. 그래서 큰 대비가 필요하다는 얘기를 하고 싶다"고 강조했다.[1] 인터뷰가 나가고 딱 2주 뒤 8월 28일, 국정원은 통합진보당 이석기 의원의 자택과 사무실 등 10여 곳을 대상으로 압수수색을 시작했고, 그 후 사태는 잘 알려진 바와 같이 '이석기 내란음모 사건'으로 발전했다. 1980년 전두환 일당이 '김대중 내란음모 사건'을 조작한 이후 33년 만에 공식적으로 내란음모 사건이 터진 것이다. 어쭙잖게 탄압 어쩌고 하며 무슨 일이 있을 것처럼 떠들었지만 이렇게 엄청난 일이 터지리라고는 나도 예상치 못했다.

멍한 충격 속에서 역사학도도 잊고 지냈던 내란의 추억을 떠올렸다. 대한민국은 내란 공화국이다. 너무나 많은 내란이 있었고, 이쪽이든 저쪽이든 내란에 휘말린 인물들이 한국 정치를 좌지우지했다. 내란의 수괴나 주요 임무 종사자라든가 내란범으로 법정에 서거나 최소한 고발당한 경력이 없으면 거물 정치인이 될 수 없다. 대한민국 정부 수립 이후 대통령을 지낸 자연인은 모두 11명인데, 다들 나름대로 내란의 추억을 갖고 있다. 박정희, 전두환, 노태우는 내란의 수괴, 김대중과 이명박(놀랍게도!)은 내란죄로 유죄 판결, 최규하는 현실의 법정에 내란범으로 서지는 않았지만 역사의 법정에서는 최소한 내란 방조, 어쩌면 내란의 공동정범이라는 판결을 면할 수 없는 입장이다. 이승만은 4월 혁명 이후 사사오입 개헌이나 3·15 부정선거와 관련하여 학생과 시민들에 의해 내란죄로 고발당했으며, 김영삼도 10·26 직전 국회에서 제명당할 때 국기(國基) 파괴와 내란선동이 여당에 의해 작성된 징계 사유서의 앞머리를 장식했다.[2] 노무현도 서정갑이라는 자가 본부장으로 있는 국민행동본부 등의 단체에 의해 내란·외환죄로 고발당했지만 2009년 갑작스러운 서거로 '피고발인 조사'를 받지는 않았다. 이쯤 되면 이력서에 어느 쪽으로든 내란죄 한 줄 들어가지 않으면 대통령을 꿈꿀 수 없다고 해도 과언이 아니다. 내란의 나라, 대한민국의 현대사에서 내란은 부도덕한 인간들이 비정상적인 방법으로 정권을 잡기 위해서도, 정상적인 방법으로 정권을 유지할 수 없는 부도덕한 세력이 정권을 지키기 위해서도 반드시 필요했다.

내란 역사의 첫 페이지를 장식한
양심적 우파 최능진

너무나 풍부한 사례를 지닌 현대 한국의 내란 또는 조작된 내란 역사에서 첫 페이지에 등장하는 사람은 최능진이다. 해방 전 미국 컬럼비아 대학 유학생으로 평양 숭실전문학교의 체육학 교수를 지낸 진짜 '운동권' 최능진은 해방 후 평양 건국준비위원회의 치안부장으로 활동하다가 공산당과 충돌하여 남쪽으로 와 경찰에 투신했다. 영어에 능통한 데다 수양동우회 사건으로 2년간 옥고를 치른 민족주의자였던 그는 미군정 경무부에서 서열 2위 격인 수사국장에 발탁되었다. 당시 일제 시대의 악질 조선인 경찰들이 해방 후 일본 상관들이 떠난 자리를 메우며 미군정 경찰의 고위직을 차지하게 된 것은 민중들의 커다란 불만이 아닐 수 없었다. 이 불만이 대구·경북을 중심으로 1946년 가을에 폭발한 것이 10월 인민항쟁이었다. 수많은 친일 경찰들이 표적이 되어 살해당하는 가운데, 최능진은 대구·경북 지역을 방문했다 돌아와 민중들이 경찰을 공격하는 것도 잘못이지만 해방이 되었는데 친일 경찰이 오히려 출세한 것은 더 큰 문제라며 미군정 내의 친일 경찰 숙청을 주장했다. 이 주장 때문에 파면된 것은 최능진이었다.[3] 민족적 양심을 가진 진짜 우파가 친일파 나부랭이들에게 쫓겨나는, 정말 악화가 양화를 구축하는 비극의 대표적인 사례였다.

친일파의 진정한 배후가 이승만임을 간파한 최능진은 1948년 제헌의원 선거에서 이승만이 출마한 동대문구에 출마하려 했다. 무투표 당선으로 추대되기를 원했던 이승만은 격노했고, 그의 부하들은 최능진의 후보 등록을 막기 위해 등록 마감 직전 후보자 추천서를 비롯한 등록 서류 일체를 탈취해갔다. 최능진은 미군정에 항의, 등록 마감일을 연기시켜 간신히 등록을 마쳤지만 윤기병, 장경근 등 대표적인 친일 관료들의 공작에 의해 후보 등록을 취소당했다.[4] 그리고 대한민국 정부 수립 직후인 1948년 9월 말 내란음모 혐의로 체포되었다. 경찰은 최능진이 독립운동가 서세충, 중국군 출신으로 국방경비대 여수 주둔 14연대장이었던 오동기 소령 등과 공모, '혁명의용군'을 조직해 대한민국 정부를 전복하고 김일성 일파와 합류하려 했다고 발표했다. 경찰은 이들이 정식 구속된 다음 날인 10월 22일, 여순 반란 사건이 발발하자 "여수 반군 소요는 최능진 사건의 여파"[5]라고 주장했다. 최능진은 1심에서 징역 3년, 2심에서는 형량이 늘어 5년을 선고받고 복역 중, 한국 전쟁이 발발한 뒤 서울을 점령한 인민군에 의해 석방되었다. 9·28 수복 후 이승만 정권은 최능진이 석방 직후 정전과 평화를 위해 노력한 것을 '이적 행위'로 몰아, 내란죄를 범했다며 군사 법정

에서 사형 판결을 내리고 1951년 2월 11일에 그를 총살했다.[6]

'악덕 재벌 잡아먹자' 던 이명박도 내란

신생 대한민국 정부의 존립을 위태롭게 한 여순 사건의 여파로 총살된 사람은 (정확한 숫자가 알려져 있지 않지만) 최소 수백 명에 달한다. 이때 군에 침투한 남로당의 핵심 프락치로 체포되었다가 전향하여 요행히 사형을 면한 사람이 박정희였다. 군에서 파면되었다가 한국 전쟁이 발발하면서 현역으로 복귀한 박정희는 1961년 육군 소장 시절 5·16 군사반란을 일으켜 집권했고, 1972년 10월 17일 대통령직에 있으면서 또다시 친위 쿠데타를 일으켜 헌정 질서를 파괴하고 영구 집권을 획책했다.

박정희는 내란의 나라, 대한민국에서 유일하게 내란 전과 3범을 기록한 인물이다. 그 자신이 내란과 관련하여 가장 많은 별을 달기도 하였지만, 가장 많은 별을 달아준 것도 박정희였다. 처음에 박정희로부터 내란죄 별을 하사받은 자들은 이른바 '반혁명 사건'에 걸린 박정희의 '혁명 동지'들이었다. 명목상 쿠데타의 최고 지도자로 추대되어 국가재건최고회의 의장을 맡은 육군 참모총장 장도영, 박정희의 만주 군관학교 1년 선배로 해병 제1상륙사단장으로 있으면서 5월 16일 새벽에 박정희와 함께 한강 다리를 건넌 김동하, 혁명검찰부장으로 수많은 '반혁명 분자'를 잡아들인 박창암 등이 박정희로부터 내란죄 별을 하사받은 대표적인 인물들이다. 베트남 파병으로 군이 진정될 때까지 꼬리에 꼬리를 물고 일어난 반혁명 사건의 대부분은 박정희에 의해 조작된 것이었다. 실제 박정희 제거를 위해 병력 동원 계획을 세운 것은 국가재건최고회의 공보실장으로 한때 박정희의 입이었던 원충연 대령이 1965년 5월에 모의하다 적발된 사건 딱 하나뿐이다.

박정희가 미국의 압력으로 군복을 벗고 제3공화국을 출범시킨 뒤에도 정권은 끊임없이 내란을 만들어냈다. 박정희 정권과 중앙정보부는 마치 내란 중독증에 걸린 것 같았다. 박정희 정권은 정상적인 대화와 토론과 설득으로 정치를 이끌어갈 의지도, 능력도 없었다. 위기가 닥치면 늘 내란이 만들어졌다. 양복을 입은 박정희가 야심 차게 추진한 것은 일본과의 '국교 정상화'였다. 정통성이 결여된 군사 정권으로서 경제성장을 통해 정권의 지지 기반을 확대하려 한 데다가 미국의 압력까지 겹쳐 박정희 정권은 한일회담을 밀어붙였다. 정권의 2인자 김종필은 '제2의 이완용'이 되는 것을 마다하지 않겠다느니, 한일회담에 장애가 되는 '그까짓 바위섬(독도)'을 폭파시켜버리자느니 하며 일본과의 교섭에 앞장섰다. '민족적 민주주의'를 표방한 박정희 정권의 막무가내식 한일회담 추진은 당연히 엄청난 저항을 낳았다. 1964년 봄부터 본격화된 한일회담 반대 데모는 5월 20일에 한일굴욕외교반대학생연합투쟁위원회(위원장 서울대 문리대 4학년 김중태)가 진행한 '민족적 민주주의 장례식'에서 새로운 전기를 맞았다.[7] 수천 명의 학생과 시민들이 관을 메고 벌인 이 장례식은 딱딱한 집회와 시위에 문화적 방식을 도입한 획기적인 것이었다. 학생과 시민들의 시위가 더욱 거세어져 수만 명이 서울 거리로 쏟아져 나오자 박정희는 1964년 6월 3일을 기해 서울에 비상계엄을 선포했다.

박정희가 내세운 '민족적 민주주의'의 장례식을 주도한 김중태와 현승일, 김도현 등은 내란죄로 구속 기소됐다. 김중태는 서울대 문리대 내의 학내 서클인 민족주의비교연구회의 회장이고, 현승일은 이 서클의 후임 회장에 연합투쟁위원회의 부위원장이고, 김도현은 열성 회원이었다. 공소장에 따르면 이들은 "국헌을 문란할 목적"으로 각종 집회와 시위를 주도하면서 "국민경제를 일본 제국주의의 더러운 배설물로 얼버무려놓으려는 자 과연 누구냐? 피로써 되찾은 한국을 일본 의존적 예속의 쇠사슬에 묶은 것이 근대화요, 자립이라고 거짓말을 하는 자 소위 민족적 민주주의를 장사 지내자"라고 선동하는 등 정부 전복을 획책하는 내란을 기도했다는 것이다.[8] 김중태 등에 대해서는 아주 시끄럽게 국가를 변란할 목적으로 데모를 벌였기에 내란죄를 적용한다고 떠들었지만, 실제 이들을 기소한 뒤에는 군검찰부가 공소장 내용을 뒷받침할 증거를 제시하지 못하여 구형 공판을 앞두고 스스로 내란죄 죄목을 빼고 형량이 가벼운 '소요와 집회 및 시위에 관한 법률 위반'으로 적

이명박은 고려대에 결성된 비밀결사 '구국투쟁위원회' 집행부 가운데 한 명이었다. 내란 혐의로 기소돼 징역 5년을 구형받은 이명박(오른쪽에서 두 번째)은 1964년 12월 22일 징역 2년, 집행유예 3년을 선고받고 풀려났다.

용 죄목을 바꾸었다.[9]

　내란죄로 구속된 것은 이들만이 아니었다. 이들의 뒤를 이어 고려대생들도 구속 또는 수배되었는데, 고려대학교에 결성된 비밀결사 '구국투쟁위원회'의 집행부 중 한 명이 이명박이었다. 공소장에 따르면 이명박은 구국투쟁위원회의 지도부 성원들과 함께 "썩고 무능한 박정희 정권 타도!", "배고파 못 살겠다 악덕 재벌 잡아먹자"(!) 같은 "선동적인" 구호를 외치며 시위를 "인솔 지휘"했다. 이명박 본인은 부인했지만 검찰에 따르면 그는 구국투쟁위원회 위원장 이경우와 함께 "파출소 뒷문을 파괴·방화하고 무기고 등을 점령"했다고 한다.[10] 내란 혐의로 기소되어 검찰로부터 5년을 구형받은 이명박은 1964년 12월 22일, 징역 2년에 3년의 집행유예를 선고받고 풀려났다.[11]

박정희 정권은 학생들만 내란으로 몰고 간 것이 아니라 언론에도 내란죄를 뒤집어씌웠다. 내란선동 혐의로 구속된 대표적인 사례는 신문에서는 〈경향신문〉 윤상철 기자, 방송에서는 동아방송(DBS)의 시사 칼럼 〈앵무새〉 제작진이 줄줄이 구속된 것을 들 수 있다. 윤상철 기자는 〈경향신문〉 1964년 4월 13일 자 특집 "4·19의 행방"이란 글을 "4·19가 뿌린 씨앗이 움도 트기 전 정치는 군화에 무참히도 짓밟혀버렸다"고 시작했다가 쇠고랑을 찼다. 그는 2년 반이 지난 뒤에야 무죄 판결을 받았다.

내란의 절묘한 타이밍

이석기 내란음모 사건이나 통합진보당에 대한 정부의 정당 해산 심판이 촉발된 진정한 원인은 이정희 후보가 2012년 말 대통령 선거 텔레비전 토론에서, 박근혜 후보의 면전에서 다카키 마사오라는 이름을 거론했기 때문이라고 생각하는 사람들이 많다. 1964년 동아방송의 〈앵무새〉가 화살을 맞은 것은 방송에서 박정희의 창씨명을 입에 올리는 불경을 저질렀기 때문이라고 원로 방송인들은 말하기도 한다. 동아방송 방송부장 최창봉(뒤에 문화방송 사장 역임), 뉴스실장 고재언, 편성과

장 이윤하 등과 제작과장 조동화, 〈앵무새〉 피디 김영효 등이
처음 구속될 때는 반공법과 특정범죄처벌에 관한 임시특별법
이 적용되었지만 곧 '국헌을 문란케 할 목적으로'라는 귀에
익은 관용구와 함께 내란죄가 추가되었다. 이들에 대해 무죄
가 확정되는 데는 5년이 넘게 걸렸다(빈부 격차를 다룬 방송극
〈송아지〉의 대본을 쓴 김정욱 작가는 내란죄는 아니지만 반공법으로 구
속되었다).

  박정희 정권은 당시 법으로도 학생과 언론인들을 내란죄로
수없이 잡아들였지만, 내란 행위의 정당성을 선전·선동하는
행위나 매체를 규제하는 '공안보장법'이라는 새로운 법을 제
정하려고 했다. 또한 '언론윤리위원회법'이나 '학원보호법' 같
은 악법들도 제정하려다가 거센 반발에 부딪혔다. 학생과 지
식인들에 대한 무리한 내란죄 적용을 놓고 구속 인사를 석방
하라는 요구도 날로 거세어갔고, 일부 재판부는 직권으로 내
란죄로 기소된 학생들을 풀어주기도 했다.

  대형 내란 사건이나 공안 사건이 발생할 때의 상황을 보면
우연의 일치라고 할 수 없는 '절묘한 타이밍'을 늘 발견하게
된다. 왜 하필 이런 때면 꼭 내란이 일어나거나 공안 사건이
터지는 것일까? 수많은 학생들이 거리로 쏟아져 나온 데에는
빨갱이 선동이 필요했고, 1967년 6월 8일에 사상 최악의 부정
선거가 자행되자 동백림 사건이라는 사상 최대 규모의 간첩
사건이 발생했다. 국정원의 선거 개입과 남북정상회담 회의록

공개 등 정치 개입에 대한 반발로 국정원 개혁 요구가 거세어
지자 이석기 내란음모 사건이 때맞춰 터져준 것처럼 내란의
유령이 잠에서 깨어날 때는 스멀스멀 나쁜 기운이 한국 사회
를 감싸기 마련이었다. 1964년 8월, 중앙정보부는 초대형 공
안 사건을 터뜨려 각종 학생 시위의 배후에 불순 세력이 있었
음을 과시하려 했다. 그것이 바로 제1차 인민혁명당 사건이다.
다행히 그때만 해도 극우 보수 세력 중에서도 가장 극우라 할
수 있는 공안 검사들의 양심이 살아 있었다. 그들은 중앙정보
부의 맞춤법도 안 맞는 시나리오에 따라 관련자들을 기소하는
대신 사표를 던졌다.

군 원로들의 호소도 내란선동으로

1965년 8월, 한일 국교 정상화가 막바지 단계에 들어서면서
박정희 정권은 학원에 대해 초강경 방침을 세웠다. 8월 24일,
수백 명의 무장군인이 고려대학교에 난입했다. 사실상의 계엄
령 선포였다. 정부는 8월 26일 소급해서 위수령을 발동했다.
내무·법무·문교·공보 등 4부 장관은 24일에 공동 담화문을
발표, 데모에 대한 엄벌 방침을 밝혔다. 같은 날 치안국장 박
영수는 학생 데모의 뿌리를 뽑겠다고 공언하면서 반미·반국
가적인 경향을 보이는 데모의 주모자 급에게는 반공법과 내란
선동죄를 적용하라고 전국 경찰에 지시했다. 군과 학생이 격

돌하는 가운데 8월 27일에는 김홍일(전 외무부 장관), 최경록(전 육군 참모총장), 박병권(전 국방부 장관), 송요찬(전 내각 수반, 전 육군 참모총장), 손원일(전 국방부 장관, 전 해군 참모총장), 장덕창(전 공군 참모총장), 김재춘(전 중앙정보부장) 박원빈(전 무임소 장관) 등 거물급 예비역 장성 11명이 〈국군 장병에게 보내는 호소문〉을 발표했다. 이들은 "국군 장병이 신성한 국토방위의 사명을 위하여 보존되기보다는 집권자들에 의하여 국민이나 국가 이익에 반대되는 목적에 동원되려고 하는 슬픈 사태를 예상하기에" 이르렀다면서 "정치 세력의 사병화한 일부 무장군인이 학원에까지 침입하여 불상사"를 빚은 것을 개탄했다. 또한 "군의 위신을 추락시키고 군민 간의 이간을 조장"하여 "국가에 불행을 일으키는 집권자들이야말로 이적 행위이며 국민 통합을 파괴하는 반민족 행위자이며 민주주의에 역행하는 반국가 행위자"라고 하지 않을 수 없다고 규탄했다. 박정희의 군 선배이며 5·16 초기에는 군사 정권에 적극 협력했던 군 원로들은 국군 장병들에게 "여러분은 어떠한 어려운 상황에서도 애국하는 국민에게 총을 겨누기를 거부"하라고 간곡히 호소했다.[12] 앞서 7월 14일에 한일협정 반대 성명을 발표한 데 이어 다시 한번 행동에 나선 것이었다.[13] 이들 군 원로 다수는 재야 민주 인사들이 7월 31일에 결성한 조국수호국민협의회에 적극 가담했다. 이들이 발표한 호소문의 충격이 일파만파 번져가자 정부는 8월 29일에 김홍일, 박병권, 김재춘, 박원빈 등 4명을 전격 구속 기소했다.[14] 5·16 이후 외무 장관, 국방 장관, 중앙정보부장, 무임소 장관을 역임한 거물들이 구속된 것이다. 정부는 처음에 이들을 출판물에 의한 명예훼손 혐의로 구속했지만, 검찰이 9월 7일에 "군의 출동, 임무 포기 내지 명령 불복종을 획책, 중립을 선동하여 학생 시민들로 하여금 격렬한 불법 시위에 의한 강압으로 현 정권을 타도함에 호응토록 촉구하여서 강압에 의한 정부 전복과 그 권능 행사를 불가능케 하도록 선전·선동한 것"이라며 내란선동 혐의를 추가했다.[15] 구속된 예비역 장성들은 두 달 반가량 옥고를 치른 뒤에야 보석으로 풀려났다.

내란 혐의로 구속된 현역 의원들

이석기 사건의 특징은 현역 의원이 내란 혐의로 체포되었다는 점인데, 1965년에는 현역 의원이 두 명이나 각각 다른 사건에 의해 내란죄로 구속되었다. 1960년에 미국을 향해 박정희가 좌익이라고 외쳤던 김형일 육군 참모차장은 박정희가 군사반란으로 집권한 뒤 다른 군 출신 장성들과는 달리 야당 정치인으로 변신했다. 민정당 의원이 된 김형일은 1964년 국회에서 시위학생들에 대한 구속영장이 기각되자 법원에 무장 군인들이 난입한 사건에 내란죄가 적용되어야 한다고 주장했는데, 1년 뒤 자신이 내란죄로 구속되었다.[16] 그에게 씌워진 혐의는 박정희 제거를 위해 실제로 병력을 동원할 계획을 꾸민 군 후배 원충연과 접촉했다는 것이었다. 수사 당국은 김형일의 혐의를 입증하지 못했고, 국회에서는 다수의 공화당 의원들도 김형일에 대한 석방 결의안에 찬표를 던짐으로써 억울한 혐의를 뒤집어쓴 동료 의원을 감쌌다.

내란 혐의를 뒤집어쓴 또 다른 의원은 김두한이었다. 김두한은 1965년 11월 9일에 실시된 국회의원 보궐선거에서 한독당 후보로 용산구에서 당선되었다. 그리고 11월 17일, 의원 선서를 함과 동시에 한독당 내란음모 사건에 연루되었다. 11월 9일 보선에 한독당 후보로 중구에 출마했던 박상원이란 고려대 대학원 출신의 청년이 학생운동 과정에서 김중태와 친분을 맺었는데, 당국이 1년 전 제대로 처벌하지 못한 김중태, 현승일 등을 다시 구속하면서 그 불똥이 박상원을 거쳐 김두한에게까지 튀게 된 것이다. 당국은 김중태가 폭발물을 제조하는 데 성공했고, 그 자금이 김두한에게서 나왔다는 시나리오를 짰다. 김두한은 정기국회가 폐회된 직후인 1966년 1월 8일, 내란음모에 의한 국가보안법 위반 혐의로 구속되었다. 김두한, 박상원 등 한독당 간부들은 5단계 혁명을 꿈꿨으며, 박상원은 학원방위군 사령관, 김중태는 민족방위위원회 위원을 맡기로 했다는 것이다.[17] 국회에서는 공화당 의원들도 김두한의 석방 결의안에 반대하지 않았다. 결국 1월 29일, 결의안이 통과되어 김두한은 석방될 수 있었다. 동료 의원이 뒤집어쓴 황당한 내란음모 혐의에 대해 근 50년 전 여야를 초월하여 국회의원들이 보여준 동료애는 2013년 이석기 의원의 경우와는 매우 달랐다. 한독당 내란음모 사건 관련 피고인 10명은 1966년 5월 10일에 전원 무죄 판결을 받았다.[18]

혁명 자금 1만 원, 학생들의 내란

3선 개헌 등을 거치면서 잠시 뜸했던 내란은 1970년대에 들어서면서 다시 빈발하기 시작했다. 그 대표적인 예가 1971년 11월 13일에 중앙정보부가 발표한 서울대생 내란음모 사건이다.[19] 장기표, 이신범, 심재권, 조영래(당시 사법연수원생) 등 서울대 학생운동 진영의 핵심 인물 4명이 이 사건으로 구속됐고, 김근태 등은 수배되었다. 1971년은 박정희가 치른 마지막 대통령 선거가 있던 해였다. 박정희는 엄청난 관권과 금권을 동원한 끝에 김대중에게 힘겹게 승리했지만 그의 앞날이 순탄하지는 못했다. 연이어 치러진 8대 국회의원 선거에서 신민당은 의석을 크게 늘렸다. 사회의 각계각층도 끓어오르고 있었다. 1970년 11월에 일어난 전태일의 분신으로 노동계의 움직임이 심상치 않았으며, 수련의 파업과 사법 파동은 한국 사회의 최고 엘리트인 의사와 법관마저 집단행동에 나서게 되었다는 사실을 보여주었다. 광주 대단지 사건은 그동안 억눌렸던 도시 빈민들의 불만이 한꺼번에 분출한 것이었으며, 칼(KAL) 빌딩

서울대생 내란음모 사건은 1970년대에 빚어진 대표적 '내란'이었다. 1972년 9월 11일 서울대생 내란음모 사건 항소심 결심공판에 나선 서울대 학생운동 진영의 핵심 4인방. 왼쪽부터 심재권, 장기표, 이신범, 조영래.

에서 파월 노동자들이 강화된 집단행동을 한 사실은 노동자들의 불만 역시 언제든지 폭발할 수 있음을 보여주었다. 교수 등 지식인들의 선언에 이어 언론인들의 자유언론수호운동이 벌어졌으며, 학원은 교련 반대 데모로 들끓고 있었다. 박정희 정권은 10월 15일에 위수령을 발동하고 각 대학에 군대를 투입하여 74개의 '불온 서클'을 폐쇄하고 문제학생 177명을 제적하여 강제 입영시켜버렸다. 서울대생 내란음모 사건은 이런 분위기에서 터진 것이다.

혹심한 고문 끝에 연행된 학생들은 "4·27 대선에서 박정희가 다시 당선되자 합법적인 정권 교체가 불가능한 만큼 폭력으로 정부를 타도, 전복하는 길밖에 없다고 단정하고 내란을 음모했다'고 '자백'하지 않을 수 없었다. 공소장에 따르면 이들은 1971년 6월 초순을 기하여 "서울 시내에 있는 약 9만 명의 대학생 중 3만 명 내지 5만 명을 동원하여 격렬한 반정부 시위를 일제히 전개하여 맥주병과 휘발유 및 화공약품을 사용하여 대형자동차 1대를 능히 파괴할 수 있는 화염병 100여 개를 제조 준비한 다음 이를 가두시위를 저지하는 경찰에 투척하여 동 경찰이 발포하도록 유도하여 경찰의 발포로 시위학생 중 사상자가 발생하면 시위학생을 완전히 폭도화시켜 중앙청을 향해 진출케 하면서 경찰관서를 비롯한 중요 관서를 파괴 강점하고 중앙청 부근을 중심으로 하는 서울 시내 일원을 완전히 장악함으로써 서울 시내의 치안과 정부 중요 기관의 기능을 완전히 마비시키고 이와 같은 상태를 이용하여 박정희 대통령을 강제로 하야"시킨 뒤 김대중을 수반으로 하는 혁명위원회를 구성하여 입법·행정·사법 등 삼권을 통괄하여 집권한다는 어마어마한 계획을 세웠다.[20] 이 사건의 변론을 맡은 이병린 변호사는 '환상의 아홉 고개'라는 유명한 비유로 황당무계한 검찰 공소장의 허구성을 논파했다. 검찰이 주장한 방식의 화염병을 제조하려면 단가가 개당 100원인데, 그렇다면 이들이 "일국의 혁명을 하는 데 1만여 원의 자금을 가지고 덤벼들었다는 얘기"가 되니 참으로 웃음거리라는 것이다.[21] 이

재판에는 서울대 상대 학생회장으로 있다가 강제 징집당한 김상곤(전 경기도 교육감)이 군복 차림으로 검찰 측 증인으로 끌려 나왔는데, 그는 학생회가 민주적으로 운영되었고 선배들로부터 '조종'받은 바 없다고 증언했다. 공안 검사 박종연은 김상곤에게 위증을 한다고 소리쳤고, 증언을 마친 그를 검사 방으로 끌고 가 구타하면서 군법회의에 넘긴다는 협박을 했다고 한다.[22] 이 사건의 피고인들은 1심에서 3~4년의 중형을 선고받았다. 1심 재판장은 정기승 부장판사였는데, 그는 노태우 시절 대법원장에 지명되었다가 구시대의 정치적 인물이라는 이유로 임명 동의안이 부결되는 불명예를 당했다.

내란죄로 걸려든 것은 학생들만이 아니었다. 서울대 총장을 역임한 형법학자 유기천 교수는 자료 조사차 자유중국(대만)에 갔다가 대만의 고위층으로부터 한국 정부의 요직에 있는 인물들이 대만의 총통제를 연구하기 위해 와서 자료를 모아갔다는 충격적인 이야기를 들었다. 귀국 후 그는 수업 시간에 이 이야기를 했다가 중앙정보부에 의해 내란선동 혐의로 입건되어 자의 반 타의 반 망명길에 올라야 했다.[23]

유신은 그렇게 왔다. 유신이야말로 형법전의 정의에 딱 들어맞는 내란이었다. 수많은 함량 미달의 내란 사범을 양산한 박정희가 내란이란 이런 것임을 몸소 보여주었다. 내란죄의 구성요건에서 가장 중요한 국헌문란에 대해 형법 91조는 이렇게 정의하고 있다. "1. 헌법 또는 법률에 정한 절차에 의하지 아니하고 헌법 또는 법률의 기능을 소멸시키는 것. 2. 헌법에 의하여 설치된 국가기관을 강압에 의하여 전복 또는 그 권능 행사를 불가능하게 하는 것." 박정희가 자기 마음대로 국회를 해산하고 입법과 사법과 행정을 분리해놓은 헌법의 기능을 비상국무회의로 집중시킨 것이야말로 똑 떨어진 국헌문란 행위였다. 탱크와 군대를 동원하여 헌법 기능을 정지시켰으니 이것이 87조 내란죄에서의 '국헌을 문란할 목적으로 폭동을 일으킨 자'에 해당하는 것이고, 그 "수괴는 사형, 무기징역 또는 무기금고에 처한다"고 되어 있다. 5·16 군사반란 무렵의 군형법을 보면 "작당하여 병기를 휴대하고 반란을 한 자" 중에서 "수괴는 사형에 처한다"고 되어 있다. 무기징역도 없는 사형인 것이다. 유신은 변명의 여지 없는 내란이었다. 이 내란을 성공시키기 위해 봄부터 소쩍새는 그렇게 많은 내란 사범을 만들어냈던 것이다.

터무니없지만 웃을 수 없는 유신 시대 내란 사건들

유신 후 첫 번째 내란 사범이 될 뻔한 자는 박정희의 총애를 받던 수도경비 사령관 윤필용이었다. 사단장과 참모로 만난 이래 20년 동안 박정희를 지근거리에서 모신 덕에 윤필용은 표정만 봐도 박정희의 생각과 기분을 안다는 측근 중의 측근이었다. 그의 위세가 어찌나 센지 육군 소장이었던 그의 집에 중장, 대장들이 세배를 온다는 소문이 파다했다. 그런 윤필용이 너무 자만했던 탓인지, 박정희가 종신 집권을 하기 위해 유신을 단행했는데 감히 후계 문제를 거론하여 역린을 건드렸다. 격노한 박정희는 윤필용을 내란죄로 처단하려 하였으나 다른 참모들이 유신을 단행한 직후에 측근을 내란죄로 다스리는 것은 모양이 좋지 않다며 말린 덕에 결국 윤필용은 부패와 월권으로 처벌되었다.[24]

윤필용 사건은 엉뚱한 내란 사건을 가져왔다. 유신 후 최초의 내란 사건은 남산 부활절 연합예배 사건이다. 1973년 4월 22일 부활주일 새벽 5시에 서울의 남산 야외 음악당에서 진보 세력을 대표하는 한국기독교교회협의회(KNCC)와 보수 진영의 연합체인 대한기독교연합회(DCC)의 연합예배가 거행되었다. 그간 두 단체가 따로따로 부활절 예배를 드리다가 17년 만에 처음으로 같이한 자리였다. 6만여 명의 신자가 운집했던 예배가 끝나고 할머니와 중년 여성이 다수를 차지하는 신자들은 기쁜 마음으로 떠오르는 햇살을 맞으며 집으로 가고 있었다. 그때 회현동 쪽으로 내려가는 군중 사이에서 몇몇 청년들이 유인물을 나누어주었다. 그러나 사람이 너무 많아 제대로 나누어주지 못하고 청년들도 군중 속에 파묻혀 집에 가버렸다. 사건이 터진 것은 그로부터 두 달여 뒤인 6월 말이었다. 당국은 현장에서 뿌려진 전단을 수거하였지만 별다른 단서를 잡지 못해 고심하면서 기독교계에 있는 학생운동 출신자들에 대해 광범위한 조사를 진행했다. 이때 걸려든 사람이 수도권 도시선교위원회의 실무자로 있던 손학규였다. 손학규는 실제로 사건과 아무런 관련이 없었기 때문에 수사 당국은 어떤 단서도 발견할 수 없었다. 대신 집에서 찾은 몇 권의 책과 유인물을 트집 잡아 붙들어놓고 손학규가 다니는 제일교회의 권호경 전도사와 박형규 목사를 참고인으로 불러 조사했다. 사실 이 두 사람이 부활절 연합예배 사건의 주역이었지만, 이들은 손학규의 불온 유인물 소지 사건과 관련하여 참고인으로 소환된 것이었으므로 마음 놓고 가서 조사를 받았다고 한다.[25] 그런데 문제는 부활절 당일, 이들이 준비하였으나 사용하지 못했던 플래카드였다. 이 플래카드를 파기하지 않고 관련자의 집에 보관했는데, 이를 발견한 친척이 돈을 좀 뜯어볼 요량으로 협박하다가 보안사에 근무하는 다른 친척의 귀에 들어가게 된 것이다. 당시 권호경, 박형규 등은 유인물을 작성하면서 윤필용 사건의 자세한 내막은 모르지만 권력 내부에 심각한 균열이 발생한 것이라 여기고 이를 이용해볼 요량으로 "윤필용 장군을 위해 기도합시다"나 "회개하라 이후락 중앙정보부장" 같은 구호를 포함시켰다. 이것이 권력의 신경을 건드렸다. 단순히 유인물 몇 장 뿌리고 준비했던 플래카드는 펼쳐보지도 못한 시위미수 사건이 내란음모로 둔갑하게 된 연유이다. 이 사건의 담당 검사는 뒤에 민청학련 사건으로 악명을 떨친 문호철이었다. 공소장의 내용은 서울대생 내란음모 사건보다 더 황당했다. 할머니들이 다수인 10만 군중을 두 개의 대열로 나누어 한쪽은 당시 남산에 있던 한국방송을 점령한 뒤 유신 정권 타도를 위해 전 국민이 일어설 것을 호소하고, 다른 대오는 서울 시내로 진입하여 중앙청과 국회의사당 등 관공서를 파괴 점거한 뒤 일반 국민과 윤필용 장군 추종 세력의 지지 아래 현 정부를 축출한다는 것이었다. 이 어마어마한 계획을 위한 자금은 박형규 목사가 권호경 전도사에게 준 일금 10만 원이었다.[26] 오죽 황당했으면 공소장을 읽다가 검사가 킥킥댔다는 소문까지 돌았을까. 정기승과 쌍벽을 이루었던 정치 판사 김형기는 이 어마어마한 내란 사건에 유죄를 선고했지만, 교계의 압력으로 이들은 유죄를 선고받은 직후 보석으로 풀려났다.

  박형규와 권호경이 반정부 활동을 멈추지 않자 중앙정보부는 또다시 이들을 잡아들였다. 이번에는 독일에서 들어온 선교 자금을 횡령했다는 명목이었다. 이 특수 선교 자금은 고난받는 이들을 위한 것이었다. 투옥된 양심수들의 영치금과 가족들의 생계 보조를 위해 사용하라는 것이었고, 이들은 그 목적에 맞게 자금을 집행했다. 그런데 중앙정보부는 '순수한' 선교를 위해 쓰이지 않았다며 이들을 횡령죄로 잡아넣은 것이다. 돈을 준 독일 선교 단체의 사무총장이 날아와 법정에서 자금이 목적에 맞게 집행되었다고 증언했지만 유죄가 선고되었다. 사실 재판장 K 판사는 이 사건을 터무니없다고 여겼다. 법원 복도에서 우연히 대학 친구인 담당 검사를 만났을 때 사건이 어떻게 될 것 같으냐는 질문에 가볍게 뭐 그런 걸 다 기소하느냐고 답했다. 담당 검사는 검찰청으로 들어와 정보 보고를 올렸고, 이 보고는 중앙정보부에 전달되었다. 곧 K 판사의 처갓집에서 경영하는 회사에까지 세무사찰이 들어왔다. 견디지 못한 그는 대법원 앞에 가서 목을 매달까 고민하는 등 마음고생을 하다가 결국 유죄 판결을 내렸다고 한다.[27]

유신 시대 최대의 내란 사건은 역시 민청학련 사건이다. 유신 정권에 반대하는 학생들이 폭력혁명으로 노동 정권을 수립하려 했다는 민청학련 사건으로 긴급조치 4호가 발동되었다. 긴급조치 4호는 민청학련 관련자들을 영장 없이 체포해 군법 회의에서 최고 사형까지 시킬 수 있는 무시무시한 법이었다. 1,000명이 넘는 학생들이 조사를 받았고, 230명이 구속되었다. 민청학련의 배후로 지목된 인혁당 재건위 관련자 21명이 구속되었고, 결국 1975년 4월 9일에 이 중 8명이 사형을 당했다.[28] 1975년 2월 21일, 박정희는 문공부 연두 순시에서 민청학련과 인혁당 사건 관련자들은 "명백한 내란음모죄 범죄를 저지른 자들"이라고 단정하면서 이들을 엄벌하고 그 진상을 널리 알릴 것을 촉구한 바 있다.[29]

한국 현대사의 진짜 내란들

1979년의 10·26 사건은 김재규의 주장대로 박정희가 자행한 유신이라는 내란을 종식시킨 민주혁명이었을까, 아니면 전두환 측의 주장대로 정권을 찬탈해서 자신이 대통령이 되겠다는 망상을 가진 김재규가 저지른 내란이었을까? 12·12와 5·17이라는 세계에서 가장 길었던 쿠데타를 통해 권력을 장악한 전두환 일당은 김재규가 박정희를 사살한 행위를 자연인 박정희에 대한 단순 살인이 아닌 정권 찬탈을 위한 내란 목적 살인으로 규정하는 대법원 판결을 강압적으로 끌어냈다. 이 과정에서 대법원장 이영석은 입이 돌아가는 마음고생을 했다. 군사 정권에 의해 쫓겨나는 자리에서 이영석은 회한과 오욕밖에 남은 것이 없다는 퇴임사를 쓰면서 사법부의 한자를 행정부, 입법부, 사법부의 부(府)가 아닌 법무부 같은 행정부의 한 부서를 의미하는 부(部)로 표기하여 많은 사람의 마음을 아프게 했다.[30]

한국 현대사에서 진짜 내란은 5·16 군사반란과 유신친위 쿠데타와 5·17 군사반란뿐이다. 5·17 군사반란을 일으킨 전두환, 노태우 일당은 광주에서 수많은 시민들을 학살했다. 이것이야말로 진짜 내란 목적 살인이었다. 내란범은 자신의 범죄를 감추기 위해 내란을 만들어낸다. 그렇게 만들어진 사건이 바로 1980년 김대중 내란음모 사건이다. 김대중은 이 사건으로 사형 판결을 받은 것으로 알려져 있지만, 내란음모죄는 행위가 아니라 행위의 전 단계인 모의를 처벌하는 것이기 때문에 형벌 규정이 '3년 이상의 유기징역'으로 되어 있다. 즉 내란음모죄로는 사형이 불가능한 것이다. 김대중이 사형 판결을 받은 것은 국가보안법상 반국가 단체의 수괴였기 때문이다. 김대중은 유신 직후 일본에 망명하면서 일본과 미국의 민주 인사들을 모아 한국민주회복통일촉진국민회의(한민통)라는 단체를 만들었는데, 1977년 법원은 재일동포 유학생 김정사의 간첩 조작 사건에서 한민통을 반국가 단체로 판시했고,[31] 이 판례를 인용하여 전두환 정권은 김대중을 반국가 단체의 수괴로서 죽이려 했던 것이다. 앞서도 말했지만 한민통에 대한 반국가 단체 판결을 내린 재판부의 한 사람이 박근혜 정권 출범 직후까지 대한민국 국무총리를 지낸 김황식이다.

김대중을 만나본 적도 없는 수많은 사람들이 그의 내란음모에서 주요 임무 종사자가 되었다. 전두환 정권은 김대중 등의 용공성을 입증하기 위해 전향 간첩을 증인으로 내세웠다. 바로 김정사 간첩 조작 사건에서도 증인으로 활약했던 윤효동이란 자였다. 윤효동이 법정에서 정제되지 않은 이북 말투로 김대중 등이 얼마나 불온한 자들이며 북한의 주장에 동조하고 있는지 열변을 토할 때 순발력 좋은 김상현 의원이 이 법정이 어느 나라 법정이냐고 크게 외쳤다. 정체를 알 수 없는 북한 간첩이 북한식 말투로 민주 인사들을 모함하는 발언을 증언이랍시고 듣는 법정이 대한민국 법정인가, 조선민주주의인민공

전두환(오른쪽), 노태우는 군형법상 내란죄, 반란죄 등으로 구속 기소돼 1심에서 각각 사형과 징역 22년 6월 형을 선고받았다. 1996년 8월 26일 1심 선고 공판에 나란히 선 두 사람.

화국 법정인가를 따져 물은 것이다. 쇼맨십 풍부한 문익환 목사는 벌떡 일어나 "내란이다!"라고 소리쳤고, 다른 피고인들도 따라 일어나 윤효동을 향해 "내란이다!" 하고 소리쳤다. 겁먹은 윤효동은 검사와 헌병들의 호위를 받으며 쪽문으로 쫓겨나갔다고 한다.[41] 내란의 왕국, 대한민국에서만 볼 수 있는 슬픈 코미디였다.

흔히 김대중 내란음모 사건이 이석기 사건 이전의 마지막 내란음모 사건으로 알려져 있지만(아마 메인 디시로서 마지막이겠지만), 디저트 같은 사건이 하나 더 남아 있다. 1981년의 연세대생 내란선동 사건이다. 이 또한 내란이라고 하기에는 턱없이 함량 미달인 유인물 제작미수 사건이었다. 그러나 전두환이 5공 헌법이란 것을 만들고 대통령에 취임한 직후 터진 사건인 데다가, 대통령을 '시해'한 역적기관인 중앙정보부의 이름을 떼고 국가안전기획부라는 새로운 명칭을 단 직후였으므로 안기부는 이 사건을 엄청나게 뻥튀기했다. 유인물 관련자 일부가 국내 언론이 전하지 않는 광주 항쟁의 소식을 듣기 위해 북한 방송을 들은 것과 이들의 선배 중에 남조선민족해방전선준비위원회(남민전) 사건 관련자가 있다는 이유로 이 사건을 내란 음모 사건으로 규정하여 전두환에게 보고해버린 것이다.

수사를 끝낸 안기부가 사건을 검찰로 송치하여 서울지검 공안부의 구상진 검사가 담당하게 되었다. 구상진 검사가 보기에 이 사건은 그저 유인물을 만들다 걸린 단순 사건에 불과했다. 그는 이들의 죄목을 변경하고, 이미 구시대의 유물이 되어버린 남민전 사건 관련자 장신환을 기소 유예하려 하였다. 그런데 공안 사건의 처리에는 법률이 아니라 '정보 및 보안 업무 기획·조정 규정'이라는 대통령령이 적용된다. 그 9조에 '안보 수사조정권'이라는 조항이 있는데, 이에 따르면 안기부에서 송치한 사건의 죄목을 변경하거나 기소를 취하할 경우 안기부장의 승낙을 받아야 한다. 안기부는 일개 검사가 보고도 없이 안기부가 처리한 사건에 감히 토를 달았다며 구상진 검사를 구속하려 했다. 그는 사촌 형이 당시 대검 차장인 배명인이고, 그 동생이 육사 14기의 하나회 핵심인 국회의원 배명국인 덕

에 구속은 면했지만 옷을 벗어야 했다.[33]

이석기 내란 사건으로 얻는 것

이렇게 다채로운 내란의 역사를 가진 나라가 또 있을까. 내란
의 수괴들을 30년이 넘도록 대통령으로 모시는 동안, 그들과
그들의 정보기관은 수많은 내란 사건과 내란 사범을 끊임없이
만들어왔다. 그러나 그 많은 내란 사건 중에서 1961년의 5·16
군사반란, 1972년의 유신친위 쿠데타, 1980년의 5·17 군사반
란을 제하고는 모두 내란이라는 이름을 붙이기에 턱없이 부족
한 사건들이었다. 그 점에서 이석기 내란음모 사건도 함량 미
달의 전통을 아주 충실히 따른다. 그러나 다른 점이 하나 있
다. 내란에 임하는 정부의 자세이다. 수많은 관제 내란 사건이
있었지만, 정부가 이렇게 '무데뽀'로 올인한 사건은 없었다.
김대중 내란음모 사건의 경우, 전두환 정권은 미국과 일본으
로부터 무엇을 얻어낼 것인가를 나름대로 치밀하게 계산하면
서 자신들의 카드를 키워나갔다. 18년간이나 한국을 다스려온
박정희의 갑작스러운 죽음 뒤 1980년은 누가 보아도 위기 상
황이었고, 한국의 안정을 바라는 미국이나 일본은 광주에서
피 칠갑을 해가며 정권을 장악한 전두환을 달래려는 마음을
갖고 있었다. 반면, 박근혜 정권은 무엇을 얻었단 말인가. 일
부의 열성 지지자 이외에 이렇다 할 대중적 지지를 받고 있지

못한 이석기 등의 행동을 내란으로 처벌하고 나아가 통합진보당을 해산시킴으로써 국내외적으로 웃음거리가 된 것밖에 남은 게 없어 보인다.

불행하게도 임기 초기의 박근혜 정권은 장장 18년을 집권한 박정희 정권의 말기적 모습을 보였다. 박정희의 내란은 야당인 신민당 김영삼 총재의 직무정지 가처분 신청에 이어, 김영삼 총재의 국회의원직마저 박탈하면서 종말을 고하게 되었다. 이석기 등이 모여서 했다는 말을 옹호할 마음은 조금도 없지만, 도대체 그런 모임이 어떻게 내란의 모의가 될 수 있단 말인가. 내란이 아닌 것을 내란으로 몰고 가는 행위야말로 우리 역사에서 진짜 내란범들이 너무나 자주 해왔던 일이다. 박정희 시절 숱한 내란 사건이 있었지만 그 대부분은 엄벌 효과를 노린 것이고, 8명을 사형시켰던 인혁당 재건위 사건에서조차도 정부가 생사를 걸고 달려들지는 않았다. 한국 현대사에서 딱 세 번의 비극을 빼고 대부분의 내란 사건은 권력이 큰 칼을 무리하게 휘둘렀다는 점에서 황당무계한 코미디로 귀결되었다. 그런데 이석기 내란 사건은 아무리 보아도 정부에나 당하는 쪽에나 비극일 뿐이다. 비극의 근원은 국정원이고 법무부고 수구 언론이고 간에 넘치는 진지함에 있다. 시민들의 비극은 이 사건이 먼 시대 먼 나라의 이야기가 아니라 지금 이 순간 우리나라에서 벌어졌다는 점이다. 국정원과 사이버 사령부 등 국가기관이 대거 동원되어 선거부정이 자행되었고, 그런

부정선거의 덕을 크게 본 현직 대통령은 이 부정을 덮음으로써 자신이 가질 수 있는 정당성을 스스로 파괴하고 있다. 헌법의 기능과 권능이 파괴되는 순간이다. 내란이다!

2
제헌헌법과
진보적 민주주의

1997년 12월, 내란음모 사건의 사형수 김대중이 사형선고 17년 만에 대통령이 된 그날, 나는 이제 대한민국에서 다시는 어설픈 내란음모 사건은 일어나지 않을 것이라고 흐뭇해했다. 그리고 다시 17년이 지난 2014년 6월 30일, 나는 서울고등법원에서 열린 통합진보당 이석기 의원 등의 내란음모 사건 항소심 재판에 증인으로 불려갔다. 세 시간이 넘게 진행된 증인신문에서 변호인은 우리나라에서 내란 조작 사건의 역사, 비합법 지하조직의 성격, 진보적 민주주의의 역사적 전개 과정 등에 대해 질문했고, 검사는 과거 내가 쓴 글 등을 통해 사상적으로 편향된 인물이라 증인으로 부적합하다는 인상을 주려고 애썼다. 이른바 아르오(RO)의 실체와 관련된 비합법 지하조직의 행태 문제는 "서울 시내 한복판에서 100명이 넘게 모여 얼굴 보며 수련회 갖는 그런 비합법 지하조직은 역사상 있어본 적이 없다"는 점에서 길게 논의할 필요조차 없는 문제이다. 단, 진보적 민주주의 문제는 비단 내란음모 사건뿐 아니라 원내 제3당인 통합진보당의 해산을 결정한 헌법재판소의 정당 해산 심판과도 깊이 관련된 문제이기에 6월 30일의 증언 내용을 조금 정리해볼 필요가 있다.

진보적 민주주의 문제를 살펴보기 위해서는 먼저 1948년의 제헌헌법을 자세히 검토해보아야 한다. 대한민국 역사에서 가장 중요한 문건을 하나 꼽으라고 한다면, 대한민국의 국가 정체성을 담보하는 역사적 문건인 제헌헌법을 꼽아야 할 것이다. 제헌헌법은 대한민국이라는 민주독립국가를 '재건'하면서 그 주역들이 이런 나라를 만들겠다고 국민들과 맺은 숭고한 협약이다. 그런데 오늘날 한국의 시민들은 제헌헌법에 대해 놀라울 정도로 아는 게 없다. 아마도 일반적인 시민들이 제헌헌법에 대해 아는 것이라고는 제헌절이 7월 17일이라는 게 전부일지도 모른다. 일반 시민들만 그런 것이 아니라 교사 연수에 가서 사회 선생님들이나 역사 선생님들께 여쭈어봐도 별 신통한 대답이 나오지 않는 것은 마찬가지다. 선생님들조차 제헌헌법에 대해 배워본 적도, 가르쳐본 적도 없다. 어쩌다가 대한민국의 국가 정체성을 담보하는 제헌헌법이 이런 천덕꾸러기가 되었을까? 왜 학교에서는 제헌헌법을 가르치지 않고, 왜 수능 시험은 제헌헌법에 대해 묻지 않는 것일까? 그것은 제헌헌법을 읽어보면 금방 알 수 있다. 제헌헌법의 구절구절을 지금 들여다보면 죄다 빨갱이 소리이기 때문이다. 제헌헌법의 내용은 통합진보당의 강령보다 훨씬 급진적이다.

제헌헌법의 전문을 살펴보면, 몇 년 전 뉴라이트들이 불러일으킨 '건국절' 논란이 얼마나 헛된 것인가를 금방 알 수 있다. 헌법 전문은 "유구한 역사와 전통에 빛나는 우리들 대한국민은 기미 삼일운동으로 대한민국을 건립"했으며, 1948년의 정부 수립은 민주독립국가를 '재건'한 것이라고 밝히고 있다. 즉 대한민국의 '건국'은 1919년이고, 1948년의 정부 수립은 대한민국의 '재건'이라고 명쾌하게 규정한 것이다.

기업의 이익은 노동자와 '노나' 먹어라

제헌헌법 제18조는 노동자의 권리에 관한 규정을 담고 있다. 현행 헌법에도 보장되어 있다는 노동3권은 제헌헌법에도 역시 포함되어 있다. 노동자들이 떼거리로 모이고, 떼거리로 우기고, 떼거리로 자빠질 수 있는 권리인 노동3권은 대부분의 자본주의 국가에서 헌법적 권리로 인정되고 있다. 헌법 1조 1항인 "대한민국은 민주 공화국"이라는 규정조차 제대로 지켜지지 않는 나라이다 보니 헌법에 규정되어 있다고 해서 이 권리가 제대로 살아 숨 쉬고 있다고 할 수는 없다. 현재 대한민국에서 노동자의 단결권은 해직교사들을 조합원으로 품었다가 노동조합으로서의 법적 지위를 상실한 전교조 사례에서 보듯이 극도로 침해당하고 있다. 단체행동의 자유는 노동자들이 파업을 했다 하면 금방 날아오는 손해배상과 가압류에 의해 극도로 위축되어 있다. 감옥 가는 것을 두려워하지 않고 열심히 싸우던 노동자들도 듣도 보도 못한 수십억의 손해를 배상하라는 통보 앞에 무너져 내리고 만다. 손해배상 가압류로 스스로 목숨을 끊은 노동자도 한둘이 아니다. 최근 '노란 봉투' 캠페인으로 손해배상 가압류에 의해 벼랑 끝에 몰린 노동자와 그 가족들의 손을 맞잡고 가자는 움직임이 뒤늦게나마 일어나고 있다.[1] 지금 한국 사회의 구성원 중 대한민국 임시정부가 1944년 임시헌장에서 인민의 자유와 권리의 하나로 파업의 자유를 보장했던 것을 기억하는 사람은 거의 없다.

지금은 노동3권도 제대로 지켜지고 있지 않지만, 제헌헌법 18조는 노동3권이 아니라 노동4권을 보장했다. 노동3권에 더하여 "영리를 목적으로 하는 사기업에 있어서 근로자는 법률의 정하는 바에 의하여 이익의 분배에 균점할 권리"를 보장했던 것이다. 네 번째 권리인 '이익분배 균점권'은 쉽게 풀이하면 기업에 이익이 발생했을 때 노동자들이 그 이익을 나눠 먹을 권리가 있다는 뜻이다. 자본주의 사회에서 노동자는 자신의 노동력을 제공하고 그 대가로 임금을 받는다. 이익은 통상적으로 자본가의 것이다. 이익을 많이 거둔 자본가들이 기분 좋다고 노동자들에게 시혜적으로 보너스를 주면 모를까, 영업이익은 노동자가 넘볼 수 있는 것이 아니다. 그런데 제헌헌법은 그 이익을 노동자들이 '노나' 먹을 권리를 신체의 자유, 신앙의 자유, 언론·출판·집회·결사의 자유와 같은 기본권의 하나로 인정하고 있다. 이것이 일반적인 자본주의 국가에서 있을 수 있는 일인가? 이 조항은 제헌헌법을 기초한 현민 유진 오 박사가 자부했듯이 대한민국 헌법 이외에 어느 나라의 헌법에서도 찾아볼 수 없는 조항이며, "18~19세기의 자유주의 와 개인주의의 만능 시대에는 도저히 상상도 하지 못하는 규정"[2]이었다.

도대체 제헌헌법을 누가 만들었기에

도대체 제헌헌법을 누가 만들었기에 다른 자본주의 국가에서는 찾아볼 수 없는 조항, 그 존재만으로 "사회주의 국가에 가까운 성격을 갖게"[3] 하는 조항이 들어간 것일까? 혹시 제헌헌법을 좌파들이 모여 만들기라도 했던 것일까? 그렇지 않다. 좌파는 5·10 선거를 거부하면서 대한민국 정부 수립에 참여하지 않았고, 중간파도 백범 김구 선생을 따라 남북협상에 참가했다. 제헌헌법은 우파들만 모여서 만들었다. 이익분배 균점권을 제헌헌법에 집어넣을 것을 주장한 세력은 이승만의 직계라 할 수 있는 대한노총과 관련된 인물들이다. 이들은 처음부터 노동운동을 했다기보다는 '전평(조선노동조합전국평의회)' 등 좌파 노동운동 세력을 분쇄하는 과정에서 노동 단체의 간판을 내걸었다고 해야 할 것이다. 황승흠에 따르면 노동자의 이익 균점으로 발전해갈 수 있는 구체적인 주장을 한 정치 지도자는 바로 이승만이었다. 이승만이 "자본과 노동이 평균 이익을 누리게 하자는 주장"을 "제헌국회의 헌법심의 중에서, 그것도 이익 균점권 논의에서" 한 것이다.[4] 아무리 이승만이라 한들 국민 생활의 균등한 보장을 추구하던 당시의 시대정신을 무시할 수 없었던 것이다.

해방 직후 좌파 노동운동 세력은 장기적으로는 생산수단의 사회화를 추구했지만, 당장은 일본인들이 버리고 간 공장의 정상적인 가동을 목표로 노동자 자주관리 운동에 힘을 쏟았다. 제헌국회에서 가장 강력히 이익분배 균점권을 주장한 문시환에 따르면, 이미 여러 기업에서 기업가들이 이익의 분배를 솔선해서 실시하고 있었다.[5] 우파 노동운동 세력도 이미 자주관리와 이익의 분배를 실현하고 있는 현장의 열기를 외면할 수는 없었다. 노동자들이 공장을 운영하고 여러 사기업에서 기업가들이 솔선해서 노동자들과 이익을 나눠 갖는 상황이 이익분배 균점권으로 실현된 것이다. 사실 대한노총 출신일부 의원들은 노동4권을 넘어 노동자의 경영참여권을 포함한 노동5권을 주장하기까지 했다. 대한노총 위원장으로 초대 사회부 장관을 지낸 전진한은 이익분배 균점권을 "대한민국 헌법 이외에 세계 어느 나라 헌법에서도 발견할 수 없는 일대 창견일 뿐 아니라 인류 평화의 암이요, 세계적 난문제인 노자 대립 문제를 근본적으로 해결할 수 있는 한 개 관건"[6]이라고 찬양했다.

제헌헌법 84조는 "대한민국의 경제 질서는 모든 국민에게 생활의 기본적 수요를 충족할 수 있게 하는 사회정의의 실현과 균형 있는 국민경제의 발전을 기함을 기본으로 삼는다. 각인의 경제상 자유는 이 한계 내에서 보장된다"고 규정했다. 몇년 전《정의란 무엇인가》열풍이 불어, 이 책이 백만 부가 넘게 팔렸다고 한다. 그런데 정의가 무엇인지 꼭 하버드 대학의 교수에게 물어보아야 했을까? 우리 제헌헌법이 훨씬 더 피부에 와 닿게 사회정의를 규정하고 있다. 대한민국 재건의 주역들은 모든 국민이 생활의 기본적 수요를 충족할 수 있는 상태를 사회정의가 실현된 것으로 보았다. 대한민국 국민으로 태어났으면 돈 없어서 못 먹고, 돈 없어서 못 배우고, 돈 없어서 아픈데 치료받지 못하는 일이 없어야 정의로운 사회라는 뜻이다. 유진오는 한편에 맛있는 밥을 먹고 따뜻한 옷을 입는 국민이 있는데, 다른 한편에 굶주림과 추위에 신음하는 국민이 있어서는 안 된다고 보았다. 그에 따르면 생활의 기본적 수요를 충족시킨다 함은 "최저 생활을 확보한다는 의미보다는 넓으며 생리적 최저 생활을 확보하는 동시에 상당한 정도의 문화적 생활을 확보할 것을 의미"했다.[7] 대한민국 재건의 주역들은 개인의 경제상 자유도 무제한으로 허용되는 것이 아니라 사회정의의 실현과 균형 있는 국민경제의 발전을 해치지 않는 범위 내에서 보장되어야 한다고 생각했다.

지금의 진보 세력보다 더 빨갰던 원조 보수들

제헌헌법 85조는 "광물 기타 중요한 지하자원, 수산자원, 수력과 경제상 이용할 수 있는 자연력은 국유로 한다"는 원칙을 천명했고, 87조는 "중요한 운수, 통신, 금융, 보험, 전기, 수리, 수도, 가스 및 공공성을 가진 기업은 국영 또는 공영으로 한다"고 규정했다. 87조의 중요 산업 국영·공영 원칙에 대해 제헌헌법을 기초한 유진오는 이 조항은 소련이나 전시 중화민국을 제외한 다른 나라 헌법에서는 찾아볼 수 없는 규정으로 "우리나라 헌법의 진보성을 표현한 규정이라 할 수 있으며 그 규정만으로 볼 때에는 우리나라는 국가사회주의 경제 정책을 채용하였다 할 수 있다"[8]고 주장했다.

제헌헌법의 이와 같은 규정은 "물, 전력, 가스, 교육, 통신, 금융 등 국가 기간산업 및 사회 서비스의 민영화 추진을 중단하고 국공유화 등 사회적 개입을 강화해 생산수단의 소유 구조를 다원화하며 공공성을 강화한다"고 규정한 통합진보당 강령 11항과 비교해볼 때도, "중요한 운수, 통신, 금융, 보험, 전기, 수리, 수도, 가스 및 공공성을 가진 기업"의 상당수가 이미 재벌의 손에 장악된 오늘날의 현실에 비추어볼 때도 대단히 급진적인 내용이다. 그런데 유진오의 지적처럼 일견 사회주의적으로까지 보이는 급진적인 내용을 왜 우파들이 제헌헌법에 담았던 것일까? 첫째, 1945년 8월 15일을 기준으로 볼 때 한

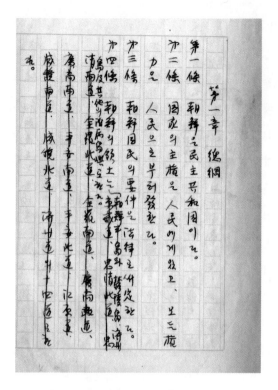

해방 정국에서 마련된 유진오의 제헌헌법 초안

반도에 존재하는 자본의 94퍼센트가 일본인 또는 일본 제국주의 국가기관의 소유였다. 94퍼센트라면 중요 산업 정도가 아니라 웬만한 산업은 다 적들이 남기고 간 재산, 즉 적산(또는 귀속재산)이었다고 할 수 있다. 이 적산은 조선 사람 전체의 피와 땀으로 만들어진 것이었고, 당연히 조선 사람 전체의 소유가 되어야 했다. 영어 잘한다고, 미국 유학 갔다 왔다고, 얼른 이름을 존이나 메리로 바꾸었다고 나눠줄 수 있는 것이 아니었다. 둘째, 독립운동 시기 좌우익을 막론하고 주요한 정당과 단체는 모두 해방 후 새롭게 건설할 국가에서 마땅히 중요 산업의 국유 또는 국영을 주장했다. 셋째, 국내의 자본가 계급이나 우익 인사 입장에서 볼 때 중요 산업 국유화가 당장 자신들에게 타격을 주는 일은 아니었다. 주요 기업의 대부분은 이미 일제 시대부터 제국주의 국가기관에 의해 국영 내지는 공영으로 운영되고 있었고, 일본인 개인 소유의 재산은 모두 미군정에 의해 몰수되었다. 그렇기 때문에 중요 산업을 국영화한다 해도 한국 국적을 가진 개인이 기업을 무상 또는 유상으로 강제 매상당하는 일은 일어날 리 만무했다. 유진오는 "헌법에서 중요 기업을 국영으로 한다 하면 우리나라 경제체제에 중대한 변혁을 가져오는 것 같은 인상을 주지만, 사실은 아무런 변혁을 가지고 오는 것이 아니"라는 식으로 한민당(한국민주당)의 김성수를 설득했고, 김성수도 이에 쉽게 동의했다고 회고했다.[9] 넷째, 중요 산업 국유화라는 시대적인 요구를 거역하고 특정인에게 특혜를 주는 방식으로 적산불하를 강행할 경우, 민중들의 거센 저항을 불러올 것은 뻔한 일이었다. 우익 인사들의 입장에서는 공산혁명을 피하기 위해서라도 민중들의 급진적인 요구를 적극적으로 수용하지 않을 수 없었다.

농지개혁과 국민 만들기

제헌헌법 86조는 "농지는 농민에게 분배하며 그 분배의 방법, 소유의 한도, 소유권의 내용과 한계는 법률로써 정한다"고 되어 있다. 이는 지주의 토지를 비록 유상이지만 강제로 몰수하여 농민들에게 분배한다는 내용이다. 당시까지 토지가 가장 중요한 부의 원천이었던 상황에서 농지개혁은 수백 년간 지배층으로 군림해온 지주층에 치명적인 타격이 아닐 수 없었다. 현대사 연구가 처음 시작된 1980년대에는 모든 토지를 대상으로 실시된 이북의 토지개혁과 비교하여 농지만을 대상으로 한 남쪽의 농지개혁이 제한된 의미만 갖는다고 저평가하는 분위기가 강했다. 그러나 계급으로서의 지주가 완전히 소멸했다. 또 농지를 소유하게 된 농민들의 '자발적 중노동'과 엄청난 교육열은 장기적이고도 근본적인 변화를 가져왔다.[10] 더구나 한국 전쟁의 향배와 관련하여 본다면 농지개혁의 의미는 대단히 적극적으로 평가되어 마땅하다.

남북이 분단된 상황에서 북쪽이 1946년 3월에 일찍이 토지개혁을 단행한 것은 남쪽의 우익 세력에 커다란 압박이 아닐 수 없었다. 현재의 대한민국을 보면 날 때부터 대한민국 국민이었던 사람들이 절대다수를 차지하고 있다. 대한민국 국민들은 국민학교를 나왔고, 매주 애국조회를 했고, 텔레비전이 시작할 때도 끝날 때도 애국가를 들었고, 올림픽과 월드컵에서 목이 터져라 '대~한민국'을 외쳐온 사람들이다. 반면, 1948년 당시 38도선 이남의 주민들은 대한민국 국민으로서의 정체성을 거의 갖지 못했다. 국민들의 절대다수는 조선이나 대한제국 시절에 태어났거나 일본 제국의 '신민'으로 태어난 사람들이었다. 당시는 텔레비전 방송이 없었고 라디오의 보급도 극히 제한적이었으며 학교 문턱을 밟아보지 못한 문맹이 전체 인구의 80퍼센트에 달하던 시절이었다. 신생, 그리고 분단 정부로서 대한민국 정부에 농지개혁은 '국민 만들기' 프로젝트에서 핵심적인 위치를 차지했다. 이북에 공산 정권이 수립되고 남쪽에서도 공산주의자들이 상당한 영향력을 행사하는 상황에서, 보수 우익 인사들은 공산혁명을 피하기 위해서라도 당시 대중들의 광범위한 지지를 받던 급진적인 정책을 적극적으로 수용하지 않을 수 없었다. 한 예로 제헌의원 정해준은 1948년 7월 3일에 열린 헌법안 제2독회에서 헌법에 근로자의 권리를 적극적으로 명문화하지 않는다면 38도선 이남에서 '반동분자와 폭도'들이 폭동을 일으키거나 "좋지 못한 일에 가담"하게 될 것이라고 경고했다.[11]

땅 부자 김성수도 동의한 농지개혁

땅을 밭갈이하는 농민들에게 나눠주겠다는 것은 독립운동가들이 농민들에게 했던 오랜 약속이기도 했다. 대부분의 독립운동 단체들은 토지혁명이나 토지 국유화 같은 급진적인 토지 제도의 개편을 강령으로 내걸었다. 이것은 농민이 전체 인구의 80퍼센트에 육박하는 가운데 독립운동을 해야 했던 당시 상황에서 너무나 당연한 일이었다. 민족 구성원의 절대다수를 점하는 농민이 적극적으로 독립운동에 나서지 않는다면 독립은 꿈도 꿀 수 없는 일이었다. 그러나 독립운동은 어디 경치 좋은 곳에 소풍 가는 것이 아니라 목숨까지도 걸어야 할지 모르는 위험한 일이었다. 만약, 독립 후 그들의 삶이 어떻게 달라질 수 있는가에 대한 확신을 주지 못했다면 농민들이 독립운동에 광범위하고 적극적으로 가담하지 않았을 것이다. 농민들의 참여는 소작료를 조금 낮춰주는 정도로는 끌어낼 수 없는 일이었다. 일본인 지주의 땅뿐만 아니라 조선인 지주의 땅까지 나눠준다는 약속은 불가피했다.

　제헌헌법의 농지개혁 조항은 지주의 사적 토지소유권을 중대하게 침해하는 것이었다. 그런데 지주 세력의 결집체인 한민당의 실질적인 지도자였던 김성수는 그 자신이 당시 조선 팔도에서 첫 손에 꼽히는 땅 부자였음에도 불구하고 농지개혁의 필요성을 부인하지 않았다. 보성전문학교 시절부터 교주와 교수로서 김성수와 깊은 인연을 맺어온 유진오는 헌법 조항을 마련하는 과정에서 김성수를 만나 "농지개혁만이 공산당을 막는 최량의 길"이라고 설득했고, 김성수는 유진오의 말에 "그것도 그렇겠다"며 결국 농지개혁에 찬성했다.[12] 알토란 같은 농지를 다 내주어야 한다니 김성수 입장에서 무척이나 속이 쓰렸겠지만, 그는 오늘날의 자칭 '애국 보수'와는 격이 다른 큰 인물이었다.

〈동아일보〉의 김성수나 〈조선일보〉의 방응모가 친일을 했다는 비판을 받지만, 해방 후 어느 독립투사도 일제가 폐간시켜버린 〈동아일보〉나 〈조선일보〉가 친일을 했다고 복간되어서는 안 된다고 주장하지 않았다. 보기에 따라서는 '보험료'라고 깎아내릴 수도 있겠지만, 만해 한용운 같은 많은 독립지사들이 풍족하지는 않아도 끼니를 때울 수 있었던 것은 이들 덕분이었다는 사실을 부인해서는 안 된다. 오늘날 두 신문의 사주 일가가 김성수나 방응모가 보여주었던 아량과 금도를 반의반만 보여줬어도 〈동아일보〉나 〈조선일보〉가 그렇게 지탄받지는 않았을 것이다. 자칭 '애국 보수'들은 자기 조상의 역사부터 다시 공부해야 한다. 한국 보수의 원류는 김창룡이나 노덕술 같은 인간 백정에 일제 앞잡이들이 아니다. 정말 지켜야 할 것을 지키기 위해 자신이 가진 것을 던질 줄 알았던 이회영 등 6형제, 김성수, 방응모 같은 분들이 보여준 모범을 재해석하는 작업은 보수의 재건을 위해 반드시 필요한 일이다.

자본주의를 폐기한 제헌헌법

처음 헌법을 만들 당시 한국에는 이렇다 할 헌법 전문가가 없었다. 당시 보성전문학교 공법학 교수였던 유진오는 "한국에 있어서 유일한 공법학자"라고 해도 과언이 아니었다. 유진오는 미군정의 조선인 기구인 남조선과도정부의 법전편찬위원회, 한국민주당, 이승만의 영향하에 있던 행정연구회 등 "5·10 선거를 추진하던 3대 세력 전부로부터 단일 헌법 초안 작성을 부탁"받게 되었다.[13] 제헌국회는 유진오로부터 제안 설명을 듣고 그가 작성한 헌법 초안을 토대로 한 조항, 한 조항 축조·심의해가며 제헌헌법을 완성했기에 유진오가 쓴 《헌법해의》는 제헌헌법에 관한 독보적인 권위를 갖는 해설서라 할 수 있다. 대한민국 정부의 초대 법제처장이기도 했던 유진오는 법제처장 재임 중 발간한 《헌법해의》 초판에서 제헌헌법의 경제조항에 대해 "우리나라는 경제문제에 있어서 개인주의적 자본주의 국가의 체제를 폐기하고 사회주의적 균등의 원리를 채택"했다고 설명했다.[14] 이 놀라운 표현은 수정판인 1952년의 《신고 헌법해의》에 가서는 "개인주의적 자본주의 국가 체제에 편향함을 회피하고 사회주의적 균등 경제의 원리를 아울러 채택"한 것으로 완화[15]되기는 했지만, 제헌헌법에 따른 대한민국의 초기 경제 질서가 개인주의적 자본주의 국가의 체제를 따른 것이 아닌 것만큼은 분명한 사실이다. 이것은 현재 한국의 '애국보수'들에게는 참으로 불편한 진실이 아닐 수 없다.

제헌헌법이 현재의 관점에서 볼 때 깜짝 놀랄 정도로 급진적인 색깔을 띨 수 있었던 것은 일본 제국주의의 통치를 벗어나 새로운 국가를 건설하려는 이행기의 특수성과 깊은 관련이 있다. 특히 일본 제국주의가 남긴 막대한 적산은 우익으로 하여금 노동자들에게 상당한 수준의 물질적 양보를 가능하게 하는 토대일 수 있었다. 노동자들의 이익분배 균점권을 강력히 주장한 문시환이 "해방 후에 우리의 경제 상태에서 노자가 협조할 수 있는 큰 중요한 원인"으로 적산을 꼽았다.[16] 이는 단독정부 수립 전후 정치 엘리트들이 정치적으로 격렬했던 계급투쟁을 경제에 대한 국가기구의 계획과 통제를 통해 관리할 수 있다는 자신감을 갖고 있었음을 보여준다.

불행하게도 제헌헌법이 갖고 있던 진보적인 조항도 현실에서 구체화되지 못했으며, 제헌헌법을 만든 의원들이 공유하고 있던 낙관적인 예상도 실현되지 못했다. 바이마르 헌법이 추구한 사회국가의 영향을 받은 유진오는 "사회정의의 실현과 균형 있는 국민경제의 발전"(제헌헌법 84조)을 대한민국 경제질서의 기본으로 규정했으나, 신용옥이 지적한 것처럼 "'사회정의'로 표현된 사회국가의 이념을 뒷받침할 주요 기제들이 삭제되어 허구화"되었다.[17]

1949년 6월 23일, 헌법안 제1독회에서 유진오는 제헌헌법안에 대한 제안 설명을 하며 "이 헌법의 기본 정신은 정치적 민주주의와 경제적·사회적 민주주의와의 조화를 꾀하려고 하는 데 있다"고 주장했다.[18] 2012년 대통령 선거에서 중요한 쟁점이 되었던 '경제 민주화'는 사실 60여 년 전 대한민국이라는 정치 공동체를 출범시킬 때 그 구성원들과 맺었던 (지켜지지 않은) 오래된 약속이었다.

진보적 민주주의를 말하면 종북인가?

이석기 의원 등의 내란음모 사건이나 통합진보당에 대한 정당해산 심판에서 큰 쟁점이 된 것은 진보적 민주주의 문제였다. 정부 측 견해에 따르면 김일성이 1945년 10월 3일에 평양 노동정치학교 연설에서 처음 '진보적 민주주의'란 말을 썼고, 통합진보당은 이를 추종하여 진보적 민주주의를 이야기하고 있다는 것이다. 그러나 이런 견해는 두 가지 점에서 큰 문제가 있다. 첫 번째는 진보적 민주주의란 말을 김일성만 독점적·독창적으로 사용한 것이 아니라는 점이다. 두 번째 문제점은 과연 김일성이 1945년 10월 3일에 평양 노동정치학교에서 했다는 연설의 텍스트를 역사 연구를 넘어 사법적 판단의 증거로 쓸 수 있느냐는 것이다.

김일성이 해방 후 처음 대중 앞에 모습을 드러낸 자리가 1945년 10월 14일 평양 공설운동장에서 열린 김일성 장군 평양시 민중대회였다. 이날 행한 김일성의 연설은 1949년판 《조선중앙연감》에 200자 원고지 두 장 분량 정도만이 남아 있을 뿐이다. 수만 명이 들은 공개 연설도 제대로 기록이 되지 않았는데, 이보다 앞서 평양 노동정치학교에서 했다는 연설이 제대로 기록되었을 리가 만무하다. 평양 노동정치학교에서 했다는 연설은 1980년에 나온 백과사전에 갑자기 등장한 뒤 1990년대에 간행된《김일성 전집》등에 '전문'이 실렸다.

형사 사건의 자백에서도 '자백 성립의 진정성'을 따져야 하고, 재판의 증거 법칙에도 독수독과론이 적용되고, 자연과학의 실험실에서도 오염된 시료는 절대로 쓸 수 없는 법이다. 이북 정권은 남아 있지도 않은 김일성의 연설문을 수십 년 후에 '원문 그대로' 복원하는 특별한 재주를 보였는데, 불행하게도 대한민국 정부가 이를 그대로 믿고 통합진보당 강령이 이 연설을 계승했다고 주장하고 있다. 만약에 필자가 심사하는 석·박사 학위 논문에서 이 연설문을 중요한 역사 자료로 활용하여 논지를 전개했다면 나는 절대로 그 논문을 통과시켜주지 않았을 것이다.

더 중요한 문제는 검찰이 진보적 민주주의를 김일성만이 쓴 것처럼 규정하면서 종북으로 몰았다는 점이다. 진보적 민주주의를 따르는 것을 종북으로, 대한민국 헌법에 위배된 것으로 몰고 가는 행위는 그야말로 우리 헌법의 역사성을 짓밟는 반헌법적 행위다. 독립운동사에서 진보적 민주주의에 대한 언급이 가장 먼저 나오는 문건은 김규식, 여운형 등이 주도한 신한청년당이 1920년에 간행한 기관지 〈신한청년〉이다. 이 잡지는 삼일운동에 대하여 "유럽 전쟁을 전후하여 세계를 풍미한 진보적 민주주의의 격랑이 한국인들로 하여금 자유와 행복을 위

해 총궐기하게 만든 것"이라고 주장했다.[19]

1942년 12월 29일, 태평양 전쟁 발발 1주년을 맞이하여 대한민국 임시정부 주석 김구 명의로 발표된 성명서는 "그때(삼일운동) 이후 우리는 가장 진보적인 민주주의 이상을 가지고 혁명적인 정치체제를 수립했다. 그것이 현재의 중경 임시정부이다"라고 분명히 밝히면서 "우리는 국가적 독립을 회복할 수 있으며 현대의 요구에 적합한 가장 진보적인 민주주의 지배를 수립할 것"이라고 주장했다.[20] 진보적 민주주의는 대한민국 임시정부의 이념인 동시에 한국 건국의 중심 사상이자 최고 원칙이었다. 이보다 앞서 임시정부 국무위원으로 뒤에 광복군 사령관 대리를 지낸 황학수 장군은 한국독립당의 기관지 〈광복〉에서 "머지않은 장래에 출현할 신흥의 한국은 현대 자본주의 세계와 같은 수탈적인 경제 제도를 결코 취하지 않을 것"이라며 이 새로운 국가는 "20세기 진보적 신형 민주국"이 될 것이라고 주장했다.[21] 좌우 연합 정부인 임시정부에서 제2당으로 좌파 진영을 대표했던 조선민족혁명당은 창립 9주년 기념사(1944년 7월)에서 "조선민족혁명당의 강령이 건설하고자 하는 국가는 사회주의 국가가 아니라 자본주의 민주주의적 국가이다. 단, 이 부르주아 민주주의 국가는 영미식 부르주아 국가가 아니고 사적 자본의 극단적인 발전을 제한하고 부르주아 독재를 반대하며 노동자, 농민, 소부르주아 계급의 정치적·경제적 이익을 극력 보호하는 가장 새롭고 가장 진보적인 자본

주의 민주주의 국가"라고 천명했다.[22]

  1944년 4월 24일, 임시의정원이 헌법인 임시헌장을 개정하면서 채택한 선언("대한민국 임시의정원 제36차 임시의회 선언")은 "가장 진보된 민주주의 집권제 원칙의 채용을 주안으로 삼고 이전 임시약헌을 많이 고치게 된 것"이라고 설명했다. 이 선언은 "우리 민족 장래의 신민주국가 건설 이상에 더 잘 적합하게 되었다"면서 "민족 독립과 민주 자유를 위해서 싸우고 있는 국내의 혁명 전사 및 전체 동포들! 다 같이 이 전 민족 행동의 최고 준칙인 임시헌장을 옹호하고 준수하자!"고 호소했다.[23] 해방 전 마지막 임시정부 창립 기념일인 1945년 4월 11일에 열린 제38회 의회에서 좌파인 조선민족해방동맹 소속 김규광(김산의《아리랑》에 나오는 금강산의 붉은 승려 김충창=김성숙)은 26년 전에 처음 제정된 임시정부 헌법을 설명하면서 "진보된 민주주의를 우리는 벌써 접수하여온 것"이라며 "역차 운동이 다 우수한 진보적인 민주주의 기초 위에서 된 것"이고 "임시의정원과 정부가 다 그(진보적) 민주주의 사상 기초 위에서 된 것"이라고 분명히 밝혔다.[24]

〈조선일보〉도 〈동아일보〉도 김성수도 맥아더도

이와 같이 대한민국 임시정부는 의정원과 정부, 그리고 헌법이 모두 진보적 민주주의 사상 위에 성립된 것이다. 그 내용은

1941년의 건국강령과 1944년의 임시헌장을 거쳐 1948년의 대한민국 제헌헌법으로 계승되었다. 유진오가 '진보적 민주주의'라는 표현을 직접 사용하지는 않았지만, 제헌헌법에 대한 제안 설명과 제헌헌법에 대한 해설서인 《헌법해의》에서 정치적 민주주의와 경제적·사회적 민주주의의 조화를 꾀하는 것이 제헌헌법의 기본 정신이라고 한 것은 바로 임시정부의 진보적 민주주의가 대한민국의 제헌헌법에도 계승되었음을 의미한다. 수탈적인 자본주의 경제체제를 '폐기'해야 한다고 생각할 정도로 자본주의의 폐해를 민감하게 인식하고 있던 제헌헌법의 아버지들이 추구한 것은 19세기의 고전적인 영미식 자유민주주의는 아니었다. 유진오가 "우리나라는 경제문제에 있어서 개인주의적 자본주의 국가의 체제를 폐기하고 사회주의적 균등의 원리를 채택하기는 하였으나"라면서 "일면 개인주의적 자본주의의 장점인 각인의 자유와 평등 및 창의의 가치를 존중하여 정치적 민주주의와 경제적·사회적 민주주의라는 일견 대립되는 두 주의가 한층 높은 단계에서 조화되고 융합되는 새로운 국가형태를 실현할 것을 목표로 삼고 있는 것"[25]이라고 한 것은 바로 영미식 자유민주주의(즉 정치적 민주주의)를 넘어 국가의 적극적인 개입에 의한 균등 생활 보장과 사회정의의 실현을 내용으로 하는 임시정부 이래의 진보적 민주주의의 실현이 대한민국을 재건할 때 국민들에게 한 숭고한 약속이었음을 확인한 것이다.

2차 대전 기간과 종전 직후에 진보적 민주주의란 말은 시대 정신을 반영하는 말로써 진보 진영뿐만 아니라 보수 진영에서도 한동안 널리 쓰였다. 모스크바 3상회의에 관한 찬반 투쟁을 거치면서 좌익과 우익이 각각 자기 진영을 추스를 때, 좌익이 민주주의민족전선을 결성하려 하자 〈동아일보〉는 비상국민회의가 "진보적 민주주의 양심과 실천으로써 출발"하였음에도 이에 대립하여 좌익만의 조직체를 만드는 것을 비판했다.[26] 또한 〈동아일보〉는 1945년 12월 8일 자 사설에서도 우리 민족이 "확고부동한 민족의식을 가진 민족 단일체"라는 사실만 건국 이념으로 확립한다면 "계급적 대립 문제 기타 사회문제는 진보적 민주주의 원칙에 의한 국가의 사회경제 정책으로서 해결할 수 있다는 것을 확신"한다고 주장했다.[27]

　〈조선일보〉도 1946년 6월 20일 자 사설에서 "민족 통일의 견고한 역사적 사명"을 확고히 한다면 조선의 정치 노선은 "세계적 정치 대세인 진보적 민주주의를 목표로 보조를 같이"할 수 있다고 밝혔다. 한민당의 지도자 김성수도 미군정 사령관 존 하지(John Reed Hodge) 장군의 통치를 "진보적이며 민주주의적"인 것으로 찬양하면서 그의 유임을 요청하기도 했다.[28] 〈조선일보〉나 〈동아일보〉나 김성수뿐 아니라 맥아더(Douglas MacArthur) 장군도 일본에서의 자신의 통치를 진보적 민주주의로 평가하기도 했다. 맥아더는 파뉴슈킨(Alexander Panyushkin) 주미 소련 대사가 맥아더 사령부의 대일 점령 정책이 일본의 경제적 파멸을 초래하고 있다고 비난하자 그가 "일본에서의 진보적 민주주의의 조류를 소련식 독재적 전체주의 이념으로 전환시키려" 하고 있다고 받아쳤다.[29]

고문에 의한 조작보다 무서운 편견에 의한 조작

검찰은 또 한국의 진보 운동이 역사적으로 자주·민주·통일 노선을 정립해온 것을 북한의 주장을 추종한 것으로 단정 지으려 했다. 이것은 너무나 한심한 편견이다. 식민지에서 해방된 나라에서 자주는 당연한 것이요, 봉건의 질곡에서 벗어나려는 나라에서 민주는 당연한 것이요, 분단된 나라에서 통일을 추구하는 것 역시 너무도 당연한 일이었다. 검찰은 왜 역사적으로 너무나 당연한 자주·민주·통일 노선을 종북으로 모는 것일까? 그것은 사람들을 위축시키고 낙인찍기 위함이다.

이석기 내란음모 사건을 철 지난 코미디요 함량 미달의 조작 사건으로 본다는 필자의 평가에 검찰은 과거에는 진술을 받아내기 위해 고문이나 가혹 행위가 있었지만 피고들이 진술거부권을 행사하는 상황에서 '다른 객관적 증거'에 의해 유죄가 선고된 국가보안법 사건들도 모두 조작된 사건으로 보느냐고 물었다. 이에 필자는 김정일을 트위터상에서 조롱했다가 국가보안법 위반으로 유죄 판결을 받은 박정근 사건을 예로 들어 "고문에 의한 조작보다 편견에 의한 조작"이 오늘날 훨씬 더 위험한 것이라고 답했다.

 6월 30일의 법정 증언이 인연이 되어 제헌절을 하루 앞둔 7월 16일, 국회에서 새정치민주연합 이종걸 의원실과 통합진보당 이상규 의원실 공동 주최로 '제헌헌법과 진보적 민주주의'를 주제로 한 강연회를 가졌다. 50년 전 김형일 의원이나 김두한 의원이 정권 측에 의해 조작된 내란음모 사건으로 구속되었을 때, 국회는 이들에 대한 석방 동의안을 통과시켜 정권의 음모를 저지했다. 이석기 의원에 대한 체포 동의안이 258 대 14라는 압도적인 표 차로 가결되는 현실 속에서 이종걸 의원이 강연회를 공동으로 주최해준 것에 대해 통합진보당 의원들은 마음 깊이 고마워했다.

 나는 그 강연 말미에 마리스타 수도원에 모인 통합진보당 당원들이 예비검속을 염려하는 심정이 이해가 간다는 말을 했다. 나는 통합진보당 지지자는 아니지만 한국 현대사에서 숱하게 일어난 보도연맹 학살, 민간인 학살, 부역자 처벌 등을 너무나 잘 알고 있다. 게다가 소셜 네트워크 서비스(SNS) 등에서는 전쟁이 터지면 한 아무개 같은 놈부터 죽여야 한다는 말을 어렵지 않게 찾아볼 수 있다. 예비검속을 걱정하는 것은 분명 대한민국 시민들의 평균적인 정서와는 엄청나게 동떨어진 것이다. 그러나 어떤 사람들에게 그것은 냉혹한 현실일 수밖에 없다. 강연이 끝난 후 통합진보당 당원 한 분이 이러한 메시지를 보내왔다. "마지막에 예비검속을 걱정하는 그 사람들의 심정이 이해가 간다고 하셨던 말씀, 저는 그때부터 눈물이 나더군요. 생각해보니 지난해 내란음모 사건 이후 '이해가 간다'는 말을 처음 들어본 듯합니다. 미치광이, 정신이상자들……. '그래도 내란까지는 아니니까 억울하긴 하겠지' 정도의 말이면 고맙게 생각해야 했거든요." 나도 뒤늦게 증언에 나섰고, 증언이 계기가 되어 강연도 하고 글도 쓰게 되었지만, 나를 포함해서 한국 사회의 지식인이라고 불리는 사람들이 통합진보당 내란음모 사건에 대해서 너무도 나 몰라라 한 것이 아닌가 싶다.

마르틴 니묄러(Martin Niemöller) 목사의 글 〈그들이 처음 왔을 때〉가 다시 생각나는 밤이다.

그들이 처음 공산주의자들에게 왔을 때

나는 침묵했다.

나는 공산주의자가 아니었기에.

이어서 그들이 노동조합원들에게 왔을 때

나는 침묵했다.

나는 노동조합원이 아니었기에.

이어서 그들이 유대인들을 덮쳤을 때

나는 침묵했다.

나는 유대인이 아니었기에.

이어서 그들이 내게 왔을 때
그때는 더 이상 나를 위해 말해줄 이가
아무도 남아 있지 않았다.

3

통합진보당 해산,
한국 민주주의의 회항

 2014년 12월 19일, 헌법재판소가 통합진보
당에 대한 해산 결정을 내렸다. 10여 일간 온 나라를 떠들썩하
게 한 대한항공의 땅콩 회항 사건은 비행기가 아직 이륙하기
전 활주로에 나갔다가 돌아온 것이라면, 통합진보당의 해산은
성숙한 민주 사회를 향하여 한참을 날아가고 있던 한국 민주
주의가 회항한 것이다. 그것도 박정희의 유신 시대를 넘어
1958년 2월 25일, 이승만 정권이 진보당의 등록을 취소하던
때로 가버린 느낌이다. 2012년 12월 4일 대통령 후보 텔레비
전 토론회에서 통합진보당의 이정희 후보가 충성 혈서를 써가
며 일본군 장교가 된 다카키 마사오를 들먹이며 친일과 독재
의 후예인 박근혜 후보를 떨어뜨리려 나왔다고 했을 때 통합
진보당의 해산은 이미 결정된 것인지도 모른다. 박근혜 정권
이 유신 정권 7년 중 4년 반을 중앙정보부 대공수사국장으로
있으며 숱한 조작 간첩 사건을 만들어낸 김기춘을 일찌감치

청와대 비서실장으로 등용하면서 통합진보당의 슬픈 운명이 앞당겨졌다.

헌법재판소가 위헌정당 심판에 대한 판결을 연내에 할 것이라는 소문이 돌면서 통합진보당 해산은 어느 정도 예상된 일이긴 했다. 그러나 두 가지 점에서 헌법재판소는 민주 시민들의 예측을 뛰어넘었다. 우선 택일의 정치학이다. 우리는 예로부터 이사는 언제 하고, 장은 어느 날 담그고 하는 식으로 날짜를 민감하게 따졌다. 하고많은 날 중에서 왜 하필 12월 19일이었을까? 그날이 바로 2년 전 박근혜 후보가 대통령에 당선된 날이기 때문이다.

박근혜 정권이 통합진보당에 대한 위헌정당 해산 심판을 청구한 것은 이른바 이석기 내란음모 사건 때문이다. 그런데 2014년 8월 11일에 서울고등법원은 이석기 사건에서 내란음모 혐의에 대해 무죄를 선고했고, RO에 대해서도 실체를 인정할 수 없다는 판결을 내렸다.[1] 세상을 떠들썩하게 만든 사건의 핵심적인 두 가지 쟁점에서 모두 통합진보당 쪽에 유리한 판결이 나온 것이다. 대법원 확정 판결이 2015년 1월로 예정되어 있는 상황에서● 헌법재판소는 대법원의 판결이 나오기도 전 부랴부랴 서둘러 박근혜의 당선 2주년에 이 놀라운 선물을 바친 것이다.

● 2015년 1월 22일, 대법원은 이석기 사건에서 내란음모 혐의에 대해서는 무죄, 내란선동 혐의만 유죄로 인정하여 9년 형을 확정했다.

더 놀라운 사실은 헌법재판소 재판관들의 의견이 인용 8, 기각 1로 갈렸다는 점이다. 보수적인 법조계에서조차 결과에 대해 놀랐다는 보도가 잇따르고 있다. 보수적일 수밖에 없는 헌법재판관들의 통합진보당에 대한 선호도를 조사한 것이라면 8 대 1이 아니라 9 대 0도 이상하지 않다. 그러나 엄격한 증거에 의거하여 '법률가의 양심'에 따라 원내 제3당의 해산 문제를 다루는 판결이라면, 정부가 무리하게 해산 심판을 청구하고 수구 언론이 아무리 떠들어댄다 한들 8 대 1이나 9 대 0으로 기각 결정이 나왔어야 하는 것 아닐까?

이번 헌재의 결정은 1987년 6월 항쟁으로 탄생한, 다시 말해 민주화 운동의 산물인 헌법재판소가 민주주의를 목 졸라 죽인 것이다. 민주주의를 지키고 발전시키는 데 도움이 될 것 같아 만든 헌법재판소가 민주주의의 본질적 가치를 짓밟아버렸다. 좀도둑이 들끓어 불안해서 야구방망이 하나 장만했더니 강도가 들어 그 야구방망이로 우리 식구를 쳐 죽인 꼴이다. 게다가 정당을 보호해야 할 경비원이 강도와 합세했으니 참담하기 이를 데 없다.

일이 이 지경에 이른 데 대해서는 박근혜 정권이나 헌법재판소, 그리고 수구 언론만을 탓할 수 없다. 민주주의가 치명상을 입었는데 대중들이 거리로 쏟아져 나오지 않는 것이 꼭 추운 날씨 탓일까? 이 글을 쓰는 나 자신도 처음 이석기 내란음모 사건이 터졌을 때 손 놓고 보고만 있었다. 그동안 통합진보당이 보인 행태가 마음에 들지 않았기 때문이다. 진보 정치를 향한 대중들의 꿈을 더 이상 담을 수 없게 된 데 대하여 통합진보당 자신이 가장 통렬하고 엄중한 자기비판을 해야 하겠지만, 비단 통합진보당만이 아니다. 좁게는 민주노동당 이후 진보 정당 운동에 참여했던 정치 세력, 크게는 (진보 진영이라 부르든, 민주개혁 진영이라 부르든) 진영 차원에서 심각한 반성을 하지 않는다면 진보 정치의 미래는 암담할 뿐이다.

2004년 17대 총선에서 민주노동당이 처음으로 10석의 의석을 얻었을 때, 그 작은 승리에 진보 진영은 너무 교만했다. 2007년 대선 패배 후 '종북'이란 써서는 안 될 흉한 말을 만들어내며 갈가리 찢겨버린 것은 민주노동당 자신이었다.[2] 간신히 2012년 통합진보당으로 다시 모였지만, 몇 달 못 가 부정선거 논란으로 당은 또다시 내분에 휩싸였다. 당이 분열에 빠질 때마다 당 밖의 관심 있는 대중들은 환멸을 더해갈 뿐이었다. 옛 민주당 계열조차 지리멸렬한 상황이니, 정말 바닥까지 내려가 처절한 자기반성을 통해 진보의 재구성을 모색해야 한다. 그렇지만 집안 단속, 문단속 안 한 우리 자신의 잘못이 살인강도의 범죄행위에 면죄부가 될 수 없는 것처럼 역사의 이름으로 헌법재판소와 현 정부의 책임을 묻지 않을 수 없다.

위헌정당 해산 제도를 도입한 이유

1958년, 통합진보당에 앞서 진보당이 '헌정 사상 처음'으로 해산당했다. 제헌헌법에 정당 해산에 대한 규정이 따로 없어서였을까. 대한민국 정부의 전복을 획책했다는 남로당은 해산당하지 않았다. 북으로 간 남로당원들은 북로당과 남로당이 합당했다고 하지만, 남쪽에서 남로당은 그냥 사라졌을 뿐이다. 진보당은 탄생도, 죽음도 모두 기구했다. 이런 운명을 예견해서였을까. 조봉암이 처음부터 독자적인 진보 정당을 만들려고 했던 것은 아니다. 보수 야당인 민주당이 조봉암을 받아주지 않았기 때문에 어쩔 수 없이 진보당을 만들었다. 조봉암은 1920년대 조선공산당의 주역이었으나 해방 후 전향하여 이승만 밑에서 초대 농림 장관으로 농지개혁을 이끌었다. 1956년 대통령 선거에 무소속으로 출마한 조봉암은 보수 야당 민주당의 후보로 "못 살겠다 갈아보자"라는 구호를 내세우며 돌풍을 일으키던 신익희가 선거 기간 중 갑자기 세상을 떠나자 이승만의 대항마로 급부상했다. 민주당은 조봉암의 사상이 의심스럽다며 반공투사 이승만을 지지한다고 했지만, "못 살겠다 갈아보자"는 마음의 대중 다수는 자연스럽게 조봉암을 지지했다.

1956년 대통령 선거는 "조봉암이 투표에서 이기고 개표에서 졌다"는 유명한 말이 나온 선거였다. 자유당 정권은 대대적인 부정을 자행하여 이승만을 당선시켰다. '평화통일'과 '피해대중을 위한 성치'를 내세운 조봉암의 폭발적인 인기에 놀란 이승만 정권은 조봉암이 다시는 선거에 나올 수 없도록 제거하기로 마음먹었다. 1958년 1월 11일 오후부터 진보당 간부들을 잡아들이기 시작한 이승만 정권의 공보실은 1월 13일에 조봉암을 체포했고, 진보당 사건의 첫 공판(3월 13일)이 열리기도 전인 2월 25일에 '군정법령 제55호'에 의거하여 진보당의 등록을 취소했으며, 앞으로 "진보당의 이름으로 행하는 여하한 활동도 불법으로 인정하며 의법 처단"할 것이라고 발표했다.[3] 그런데 미군정 당시에 제정된 '군정법령 제55호'에는 정당의 등록에 관한 규정만 있을 뿐, 정당의 해산이나 등록 취소에 관한 언급은 전혀 없었다. 즉 이승만 정권은 아무런 법적근거 없이 '행정 처분'으로 진보당을 해산한 것이다.

4월 혁명 후 제2공화국 헌법을 만들면서 정당 해산에 관한 규정이 처음으로 들어간 것은 수구 세력이나 헌법재판관 나리들이 입을 모아 이야기하는 '방어적 민주주의'로서가 아니라, 정권이 마음에 들지 않는 정당을 함부로 해산할 수 없도록 하는 보호장치로 마련된 것이었다. 당시 헌법개정안 기초위원장 정헌주는 개헌안 표결을 앞둔 국회에서, 계엄령을 선포한 이승만이 군대를 동원하여 국회의원들이 탄 버스를 크레인으로 끌고 간 만행을 상기하면서 "이 자리에서는 아무런 총검 소리도 들리지 않습니다. 그뿐만 아니라 '크레인'을 몰고 오는 군

국가보안법 위반 혐의로 재판을 받고 있는 조봉암(오른쪽 두 번째). 1959년 조봉암 사형 판결로 사법부는 이승만의 정적 살해 공동정범이 되고 말았다.

대의 발자취 소리도 들리지 않습니다. (중략) 이러한 자유로운 정치적 환경을 조성하기 위해서 우리의 젊은 학도들이 많은 피를 흘렸던 것입니다"라고 감격스러워했다.[4] 제2공화국은 주지하는 바와 같이 내각책임제를 채택했기 때문에 정당의 역할이 각별히 중요했다. 정헌주에 따르면 "내각책임제 정치라는 것은 정당에 의한 정당의 정치를 의미하기 때문에 관용으로서 서로 타협할 수 있는 정당이 존립"해야만 했다. 즉 일반적인 집회 결사의 자유를 넘어 "정당의 자유를 좀 더 효과적으로 보장하기 위"한 장치가 필요했다. 그래서 제2공화국에서는 정당이 헌법 기구로 격상되어 헌법 제13조에 "정당은 법률의 정하는 바에 의하여 국가의 보호를 받는다"는 것을 먼저 선언한 뒤 "단, 정당의 목적이나 활동이 헌법의 민주적 기본 질서에 위배될 때에는 정부가 대통령의 승인을 얻어 소추하고 헌법재판소가 판결로써 그 정당의 해산을 명한다"고 규정한 것이다. 정헌주는 이를 "우리가 경험한 진보당 사건에 있어서와 같이 정부의 일방적인 해산 처분에 의해 이것을 해산"할 수 있는 사태를 예방하기 위한 것이라고 설명했다.[5] 그러나 제2공화국에서는 법관들뿐 아니라 재야 변호사의 대다수가 포함된 서울변호사회도 설치를 반대했기 때문에 헌법재판소가 실제로 구성되지는 못했다.

유신으로 만신창이가 된 사법부

유신 이전 박정희 정권 시기에는 위헌법률 심판권이 대법원에 귀속되었다. 당시 사법부는 정의와 인권의 최후 보루라는 위상을 구현하기 위해 나름대로 노력했다. 그 대표적인 예가 1971년 6월 22일, 대법원 전원합의체가 군인이나 군속들의 손해배상 청구권을 제한한 국가배상법 제2조가 위헌이라고 판결한 것이다. 〈동아일보〉가 우리 헌정 사상 획기적인 판결이라 찬양했고 〈조선일보〉도 사법부의 독립성을 대외적으로 표방한[6] 것이라고 높이 평가한 이 판결은 불행하게도 '사법 파동'을 불러왔다. 박정희가 길길이 날뛰며 화를 냈다는 소식을 전해 들은 공안 검사들은 현직 법관 2명에게 국가보안법 위반 사건의 증인신문을 위해 제주도에 가면서 피고인의 변호사로부터 향응을 제공받았다는 혐의로 1971년 7월 28일에 구속영장을 청구했다.

1972년 유신 쿠데타로 사법부는 만신창이가 되었다. 박정희는 유신헌법을 만들면서 국가배상법에 대해 위헌 의견을 낸 대법원 판사 9명을 모두 재임용에서 탈락시켜버렸고, 이들 외에 일반 법관 41명도 옷을 벗겨버렸다. 박정희는 위헌 판결이 난 국가배상법의 군인이나 군속들의 손해배상 청구권 제한 조항을 아예 유신헌법에 넣어버렸다. 이 찬란한 조항은 1987년의 개헌에도 살아남아 '군대 가서 죽으면 개 값만도 못하다'는 속설의 근거로 작용하고 있다. 박정희는 헌법위원회라는 것을 만들어 대법원의 위헌법률 심판권을 그곳으로 넘겨버렸다. 헌법위원회는 위헌법률 심사권, 고위 공무원 탄핵 심판권, 위헌 정당 해산 결정권 등 막강한 권한을 가졌지만 유신 정권 때도, 전두환 정권 때도 그 권한을 써본 적이 없다. 유신 때는 헌법위원회의 구성을 언론이 제법 크게 보도[7]했지만, 1981년에는 사진도 없이 단신으로 보도했을 뿐이다.[8]

군사 정권 시기는 참으로 헌법이 죽어 있던 시기였다. 그나마 위안은 당시의 대법원에는 지금 헌법재판소에는 딱 한 명밖에 없는 올곧은 법관이 그래도 두 명이나 있었다는 점이다. 바로 이일규와 이회창이었다. 이들의 소수 의견은 어둠 속의

한 줄기 빛과 같은 존재였다. 이일규는 1985년 5월에 박세경 변호사의 계엄 포고령 위반 사건 상고심에서 구 계엄법 제23조 2항은 위헌이라는 소수 의견을 내면서, "다수 의견(합헌론)이 헌법 정신에 눈뜨지 못하고 헌법적 감각이 무딘 점을 통탄할 따름"이라고 동료 대법원 판사들을 비판하기까지 했다.[9]

민주화의 산물에서 기득권 수호의 첨병으로

헌법재판소가 탄생한 것은 어쩌면 유신과 전두환 정권 시기에 대법원이 너무나 망가진 탓인지 모른다. 위헌법률 심판이나 위헌정당 해산 심판의 권한을 사법부에 두느냐, 별도의 헌법재판소를 만드느냐에 관한 깊이 있는 논의는 별로 이뤄지지 않았다. 김철수나 허영같이 독일에서 공부한 헌법학자들이 독일식 연방헌법재판소를 모델로 한 헌법재판소 설치를 강력히 주장했고, 사법부에 대한 불신이 극에 달한 탓에 위헌법률 심판권이 대법원에 귀속되어야 한다는 이야기는 별로 나오지 않았다. 다만 김철수가 헌법재판소를 과거 박정희에 의해 대법원 판사 임용에서 탈락한 분들 중심으로 구성하자는 제안을 내놓았을 뿐이다.[10]

　1988년 9월에 설립된 헌법재판소에는 첫해 39건의 사건이 접수된 데 그쳤지만, 시간이 흐르며 접수되는 사건이 많아졌다. 현재는 연간 약 1,500건 이상의 사건이 접수되고 있으며,

20년간 약 2만 6,000건의 사건이 접수되었다. 모든 것이 헌법으로 통하는 세상이 온 것이다. 헌법재판소에 접수된 약 2만 6,000건의 사건 가운데 위헌 결정이 난 것만 해도 760건이 넘는다.[11] 헌법재판소가 위헌법률 심판 등의 권한을 행사하면서 소수자 보호 등 긍정적인 역할을 일정하게 했다는 것은 부인할 수 없는 사실이다. 그러나 과연 헌법재판소가 '민주화의 자식'으로, '법치국가의 꽃'으로 기능하고 있을까?

1998년에 김대중 정권이 출범하고 2003년에 노무현 정권이 연이어 탄생하자 선출되지 않은 권력으로서 사법부와 헌법재판소가 정치권력을 잃어버린 기득권 세력이 기댈 언덕으로 각광을 받게 되었다. 특히 2004년 노무현 대통령에 대한 탄핵의 역풍으로 17대 총선에서 열린우리당이 의회의 단독 과반수를 획득하고 민주노동당이 10석을 얻어, 입법·사법·행정 등 국가의 3부에서 국민에 의해 직접 선출되는 권력이 모두 민주개혁 진영에 넘어가게 되자 사법 권력의 중요성이 더욱 부각되었다. 대통령 자리도 빼앗겨, 의회에 대한 지배권도 상실해, 방송도 넘어간 데다가 종이 신문의 영향력도 급격히 떨어진 상황에서 기득권 세력이 믿을 것은 선출되지 않은 권력, 사법부와 헌법재판소밖에 없었다.

게다가 사법부의 사정도 변화하였다. 민주화와 더불어 사법 개혁을 주장하는 목소리가 높아졌고, 과거 독재 정권 시절의 용공 조작 사건이나 유신 시대의 긴급조치 사건에 대한 과거 청산의 요구도 거세졌다. 지난 수십 년간 굳어져온 법관 서열 대신, 여성이나 지방대 출신을 우대해야 한다는 분위기 속에서 명문고-서울대 법대 출신 엘리트 법관들의 박탈감은 높아져갔다.[12] 노동운동을 했던 사람들이 사회주의 진영의 붕괴 이후 방향을 전환하여 늦깎이로 고시에 합격하거나, 노동운동까지는 아니더라도 학생운동의 분위기 속에서 성장한 사람들이 대거 진출하면서 사법부의 분위기에 새로운 변화를 가져온 것도 사법 엘리트 상층부의 보수화를 부추겼다. 지난 수십 년간 1만 명가량을 감옥에 보내도 아무 말 없이 조용하던 양심에 따른 병역거부자 문제가 하루아침에 엄청난 인권 문제로 대두하지 않나, 자신들이 보기에 틀림없는 거물 간첩 송두율이 핵심적인 혐의에 대해 무죄를 받고 풀려나지 않나, 기존의 관습을 깬 새로운 판결들이 속속 나오면서 엘리트 법관들의 보수화는 심화되어갔다. 운동권 출신 법관들의 진출과 진보적 판결의 빈번한 출현에 따른 불안감이 증대한 것이다. 이는 1987년 6월 항쟁에 이은 노동자 대투쟁이 한때 민주화 운동의 한 축을 이루었던 영남권 와이에스(YS) 세력의 보수화를 가져와 3당 합당의 보수 대연합으로 이어진 것과 무관하지 않다.

토지공개념 3개 법안에 대한 위헌 및 헌법 불합치 결정으로 그 취지를 무력화시킨 것[13]이라든가, 2004년 노무현 정권이 추진하던 신행정수도건설특별법을 위헌이라고 결정한 것[14]

등은 헌법재판소가 기득권 수호의 첨병 역할을 하고 있다는 비난을 자초했다. 특히 2004년을 보면 대법원과 헌법재판소가 국가보안법, 양심에 따른 병역거부 등과 같은 민감한 문제에서 서로 보수적 가치의 최후의 옹호자임을 경쟁적으로 과시하는 판결을 내리기도 했다. 혹자는 대법원과 헌법재판소의 관계를 바이올린과 비올라의 관계에 비유하기도 한다. 일부 바이올린 주자들은 바이올린이 비올라와 비교되는 것 자체를 모욕으로 여긴다고 한다. 마찬가지로 헌법재판관의 위상이 매우 높아졌다고는 하지만 엘리트 법관들 사이에서는 여전히 대법관이 헌법재판관에 비해 그 위상이 높다고 할 수 있다. 그런데 2004년 수구 세력의 총아 경쟁에서 승리를 거둔 쪽은 헌법재판소였다. 대법원과 헌법재판소가 국가보안법과 양심에 따른 병역거부 문제에서 각각 안타를 쳤지만, 최종적으로 헌법재판소가 《경국대전》을 끌어다가 '관습 헌법'이라는 해괴한 이유로 위헌 결정이라는 만루 홈런을 친 것이다.

민주화의 산물인 헌법재판소가 민주주의 발전, 소수파 보호, 기본권의 신장에 기여할 것이라는 기대와는 달리, 헌법재판소는 기득권의 옹호, 지배 체제의 유지를 위해 기능하고 있다. 국민 전체의 의견이 팽팽하게 갈린 사안에서 예단과 편견으로 가득 찬 채 8 대 1이라는 압도적 편향 판결을 내린 헌법재판소는 지배 세력의 이데올로기적 억압 기능을 대행하는 국가기구라는 벌거벗은 모습을 고스란히 드러냈다. 국순옥 교수가 일찍이 지적한 것처럼 헌법재판소가 떠맡은 이데올로기적 억압 기능은 "지배 체제를 부정하거나 지배 체제에 대하여 이의를 제기하는 반체제 이단자가 생길 경우 헌법의 적인 그에게 사회적 파문을 선고함으로써 지배 체제의 안정을 확보하려는 데 목적"이 있는 것이다.[15] 통합진보당 해산 결정을 내린 헌법재판관들은 방어적 민주주의를 얘기하지만, 사실 이는 명백하고 현존하는 위험에 대한 자기방어가 아니라 마음에 들지 않는 정당 그 자체에 대한 선제공격이었다.

특히 헌법재판소가 통합진보당 소속 의원들의 의원직을 박탈한 것은 헌법을 스스로 짓밟은 폭거라 아니할 수 없다. 헌법 제111조는 헌법재판소의 권한을 위헌법률 심판, 탄핵 심판, 정당의 해산 심판, 권한쟁의 심판, 헌법소원 심판 등 다섯 가지로 못 박고 있다. 또한 헌법 64조는 헌법기관인 국회의원의 제명에 관한 절차를 규정하고 있다. 헌법 수호의 책임이 있는 헌법재판소가 헌법이 부여하지도 않은 권한을 스스로에게 부여하여 헌법기관의 기능을 정지시키는 것을 어떻게 보아야 할까? 형법 제87조는 내란을 "국토를 참절하거나 국헌을 문란할 목적으로 폭동"한 것으로 규정하면서, 91조 2항에서 국헌문란을 "헌법에 의하여 설치된 국가기관을 강압에 의하여 전복 또는 그 권능 행사를 불가능하게 하는 것"이라고 정의하고 있다. 딱 헌법재판소가 한 짓이다.

통합진보당 강령과 제헌헌법

통합진보당이 해산당한 주된 이유는 그들이 표방한 '진보적 민주주의'가 북한식 사회주의를 추종한 것이기 때문이라고 한다. 관습 헌법을 찾던 헌법재판관 나리들은 《경국대전》에는 정통한지 몰라도 1948년 대한민국 정부를 재건할 때 국민과 맺은 약속인 제헌헌법은 읽어보지 않았음이 분명하다.

1948년 대한민국 정부가 재건될 때 좌파는 전혀 참여하지 않았다. 중간파도 백범을 따라 남북협상에 참가했지, 정부 구성이나 제헌의원 선거에 참여하지 않았다. 그렇기 때문에 제헌헌법은 우파들만 모여서 만든 것이다. 그런데 제헌헌법에는 중요 산업 국유화같이 골수 운동권 '종북' 세력이 모여서 만들었다는 통합진보당 강령보다 훨씬 더 급진적인 내용이 가득하다. 파업을 했던 노동자들이 손해배상 가압류에 몰려 굴뚝으로, 전광판으로, 첨탑으로 올라가야 하는 현재의 처지에서 노동3권이 아니라 노동4권을 보장해야 한다는 제헌헌법은 순 빨갱이 헌법이다. 기업에 이익이 발생하면 노동자도 나눠 먹을 권리가 있다는 이익분배 균점권을 명문화한 사람들이 대한민국을 재건한 보수 세력들이었다.

제헌헌법을 기초하고 대한민국 정부의 초대 법제처장을 지낸 유진오는 제헌헌법에 대한 가장 권위 있는 해설서인 《헌법해의》에서 제헌헌법의 경제조항에 대해 "우리나라는 경제문제에 있어서 개인주의적 자본주의 국가의 체제를 폐기하고 사회주의적 균등의 원리를 채택"했다고 설명했다. 그는 또 제헌헌법의 기본 정신은 정치적 민주주의와 경제적·사회적 민주주의를 조화하는 데 있다고 주장했다. 여기서 정치적 민주주의란 좁은 의미의 자유민주주의다. 대한민국을 재건할 때 국민에게 한 약속은 분명히 자유민주주의에 국한된 것이 아니라 경제적·사회적 민주주의를 더하는 것이었다. 2012년 대통령 선거에서 쟁점이 된 경제 민주화는 사실 아주 오래된, 너무 오래되어서 잊어버린 약속이었다.

정치적 민주주의와 경제적·사회적 민주주의가 조화된 것이 바로 진보적 민주주의였다. 박근혜 정권은 진보적 민주주의를 김일성이 처음 쓴 것처럼 주장하지만, 대한민국 제헌헌법이 바로 진보적 민주주의 헌법이다. 대한민국 임시정부로 올라가면 이 점이 명시적으로 나타난다. 1945년 4월 임시의정원 38차 회의 의사록을 보면, 임시정부의 오랜 운동이 진보적 민주주의에 기초한 것이고, 임시의정원과 임시정부가 모두 진보적 민주주의 사상에 기초하고 있다고 설명하는 대목이 있다. 임시의정원이 임시헌장을 반포하면서 채택한 성명서를 보면, 임시정부는 "가장 진보된 민주주의 집권 제 원칙의 채용"을 주안점으로 삼아 헌법을 개정했다고 한다. 백범도 삼일운동 이후 가장 진보적인 민주주의 이상을 가지고 혁명적인 정치체제를 수립한 것이 바로 현재의 임시정부라고 주장하면서, 독립이 되면 가장 진보적인 민주주의 지배를 수립할 것이라고 확언했다.

　이와 같은 역사가 있는데 진보적 민주주의를 계승한 것이 어떻게 내란이고 종북일 수 있을까? 진보적 민주주의의 역사를 지우는 자들이 대한민국 임시정부와 대한민국 사이의 역사적 계승성을 말살하는 자들이고, 이들이 대한민국의 헌정사적 정통성을 왜곡하는 자들이다. 대한민국의 역사적 정체성을 임시정부와 제헌헌법과 독립운동 세력에서 찾아야 할까, 아니면 친일파와 국가보안법과 김창룡, 노덕술, 서북청년단 따위에서 찾아야 할까? 통합진보당의 강령이나 정책은 오히려 대한민국 임시정부나 제헌헌법에 비해 우경화되어 있다. 유럽에 갖다 놓으면 중도 우파 정도밖에는 안 될 통합진보당이 자유민주적 기본 질서를 위협한다고 하니 부끄러운 일이다. 갓난아기로부터 살해 위협을 당했다는 중무장한 군인들의 내란이 계속되고 있다. 내란이다!

4

김기춘뎐〔傳〕

한국
사법 엘리트가
사는 법

한국의 엘리트 집단은 남다른

생명력을 과시해왔다. 신라에서

고려로, 고려에서 조선으로, 조

선에서 일제 시기로, 일제 시기

에서 해방으로, 군사독재에서

민주화에 이르기까지 그 숱한

상황 변화에도 한국 엘리트 집

단의 본류는 단절된 적이 없다.

한국의 사법 엘리트 다수는 군사 정권 시절 법률가의 양심을 저버리고 독재 권력에 적극 협조하여 일신의 영달을 꾀했다. 이른바 인혁당 재건위 사건 관련자들에 대한 사법 살인을 비롯하여 현재 줄줄이 재심에서 무죄가 나오고 있는 조작 간첩 사건들은 모두 사법부의 손을 거친 것이다. 조작의 시작은 중앙정보부-안기부, 대공경찰, 보안사 등 수사기관이었겠지만, 그들이 손댄 사건들은 검찰의 손을 거쳐 기소되어 법관의 판결을 받았다. 일부는 형장의 이슬로 사라졌고, 대다수는 옥고를 치러야 했다. 1970~1980년대 한국의 사법 엘리트 대부분은 군사독재 시절의 수많은 인권 침해와 고문 조작 사건에 대해 도덕적으로는 물론이고 법률적으로도 엄중한 책임을 져야 한다. 그러나 민주화 이후 그들 중 어느 누구도 감옥에 가지 않았고, 어느 누구도 그 시절 판결이나 수사에 대해 공식적으로 사죄한 바가 없다. 다만 재심 판결에서 후배

법관들이 수십 년 전 선배들이 저지른 잘못에 대해 대신 사죄하고 있을 뿐이다.

광주 학살로 집권한 전두환 정권 시절, 사법 엘리트들은 육사 출신 군인들과 끈끈한 동맹을 맺어 '육법당(陸法黨)'이라 불리며 집권 동맹 내부의 하위 파트너로서 권력을 누렸다. 민주화가 시작되면서 군과 정부 기관이 정치의 전면에서 한발 물러서지 않을 수 없는 상황이 도래하자 사법 엘리트, 특히 검찰은 체제 유지의 대들보가 되어 현실 권력을 장악하였다. 언론은 이런 상황에 놓인 대한민국을 '검찰 공화국'이라 부르기 시작했다. 민주화 이후 사법 엘리트들이 유력 대통령 후보나 국무총리로 정치의 전면에 나서는 일이 빈번하게 발생했다. 이회창이 1993년 국무총리에 임명된 데 이어 1997년과 2002년 대통령 선거에서 한나라당 후보로 출마했고, 2002년에는 대법관 출신인 김석수가 김대중 정권의 국무총리에 임명되었으며, 2010년에는 대법관 출신인 김황식이 국무총리에 임명되었다. 박근혜 정부에 들어서서는 검사 출신의 정홍원이 김황식의 뒤를 이어 국무총리가 되었다. 그러나 사법 엘리트의 권력 핵심 진입에서 가장 주목해야 할 사건은 전 법무부 장관 김기춘이 청와대 비서실장으로 임명된 일일 것이다.

2013년 8월 5일, 1939년생 김기춘은 '꺼진 불도 다시 보자'는 말을 유행시키며 일흔다섯의 나이에 청와대 비서실장으로 임명되었다. 아마도 일흔다섯의 고령에 비서실장으로 임명된 것은 조선왕조 500년의 수많은 도승지들을 통틀어도 유례가 없는 일일 것이다.● 하지만 우리가 김기춘을 주목하는 이유는 그가 역대 최고령 도승지여서라기보다는 역사상 가장 막강한 비서실장이기 때문이다. 김기춘은 격동의 한국 정치사 속에서 여러 차례 위기를 맞이했지만 오뚝이처럼 살아남았다. 중국에 부도옹(不倒翁) 덩샤오핑(鄧小平)이 있다면, 한국에는 그 격변의 세월 속에서 살아남아 '기춘 대원군'이라는 별칭을 얻은 오뚝이 김기춘이 있다.

사법 엘리트들의 남다른 생명력

한국의 엘리트 집단은 남다른 생명력을 과시해왔다. 신라에서 고려로, 고려에서 조선으로, 조선에서 일제 시기로, 일제 시기에서 해방으로, 군사독재에서 민주화에 이르기까지 그 숱한 상황 변화에도 한국 엘리트 집단의 본류는 단절된 적이 없다. 그 끈질긴 생명력을 자랑한 한국 엘리트 집단의 역사에서, 적어도 현대에 들어서는 사법 엘리트가 가장 끈질긴 생명력을

● 조선 시대 주요 관직자 명단을 정리한 《청선고(淸選考)》라는 책에 실려 있는 지신록(知申錄, 지신사(知申事)는 도승지의 다른 이름이다)에는 선조 이후 800여 명의 도승지 명단이 나오는데, 나이가 기록되어 있지는 않지만 김기춘보다 고령인 사람은 아마도 없을 것이다. 갑오경장으로 도승지 제도가 없어지기 전인 1893년, 예순다섯 살의 윤용선이 잠깐 도승지를 지낸 것이 아마도 조선 후기에는 최고령 도승지가 아닐까 싶다.

자랑하며 엘리트 집단의 중핵을 형성해왔다고 해도 과언이 아
니다. 불행하게도 한국의 사법 엘리트들은 집단으로나 개인으
로나 '흑역사'를 갖고 있다. 위에 열거한 대통령 후보나 국무
총리를 지낸 사법 엘리트들만 보아도 이회창은 1961년 조용
수 〈민족일보〉 사장에게 사형 판결을 내린 재판에서 배석판사
였고, 김석수는 대법원에서 두 차례나 무죄 판결이 난 송씨 일
가 간첩 사건에서 상급심의 판결은 하급심의 판결을 기속한다
는 법원조직법의 원칙을 깬 이른바 '치받는 판결'을 통해 무고
한 송씨 일가 사람들에게 간첩죄 유죄 판결을 내렸다. 김황식
은 1977년 재일동포 김정사 간첩 사건의 배석판사였다. 하지
만 근 5년에 걸쳐 유신 체제 유지의 핵심 기관 역할을 한 중앙
정보부에서도 가장 방대하고 막강한 부서인 대공수사국 국장
을 지낸 김기춘의 역할은 앞에 언급한 사람들과는 차원이 다
르다고 할 수 있다.

　박정희 정권 시절 가장 잘나가는 검사였던 김기춘은 보안사
출신들이 득세한 전두환 정권 시기에는 옷을 벗을 위기에 빠지
거나 한직에 밀려나 있었지만, 노태우 정권이 출범하면서 화려
하게 부활했다. 1992년 대통령 선거 때는 공권력을 동원하여
지역감정을 부추기려 했던 '초원복집 사건'으로 최대의 위기를
맞았으나 역시 살아남아 3선 의원이 되었고, 2004년 노무현 대
통령 탄핵 당시에는 국회 법사위원장으로 검사 역할을 했다.
그리고 2013년, 정치의 중심에 다시 돌아와 현재의 공안 정국

을 주도하고 있다. 김기춘이라는 한 개인의 삶의 궤적을 추적해보는 것은 흥미로운 일이다. 끈질긴 생명력을 자랑해온 한국의 엘리트 집단이라는 종(種), 그중에서도 사법 엘리트라는 속(屬)을 대표하는 개체가 바로 왕실장 김기춘이기 때문이다.

5·16 장학금 받고 광주의 사위 되다

김기춘이 비서실장에 임명되었을 때 인터넷 〈조선일보〉 2013년 8월 5일 자는 헤드라인으로 "정수장학회 졸업생 모임 '상청회' 전 회장 김기춘 임명"을 뽑았다. 김기춘은 정식으로 검사에 임용되기 이전에 정수장학회의 전신인 5·16 장학회에서 1기와 2기 장학생이 되어 일찍부터 박정희 정권과 관계를 맺었다. 김기춘은 1958년 서울대 법대에 입학하여 대학 3학년 때인 1960년 말에 치러진 제12회 고등고시 사법과에 합격했다. 정수장학회 측 자료에 따르면 김기춘은 정수장학회의 전신인 5·16 장학회로부터 장학금 지급 첫해인 1963년과 이듬해인 1964년, 서울대 대학원 법학과 1학년과 2학년 재학 중 장학금을 받은 것으로 되어 있다.[1] 〈조선일보〉 인물자료(인물DB—'김기춘' 항목)에 의하면 그는 대학을 졸업하면서 1961년에 해군 해병대 법무관으로 입대하여 1964년에 전역한 것으로 되어 있다. 김기춘이 정수장학회의 전신인 5·16 장학회로부터 장학금을 받은 것은 그가 고시 합격 후 법무관으로 복무

중에 (어떤 허가를 받았는지 모르나) 현역군인 신분으로 서울대 대학원을 다닐 때였다. 이것이 그가 박정희 일가와 처음으로 맺은 인연이었다. 흥미로운 것은 5·16 장학회의 설립에 사단장 시절 박정희의 법무참모를 지낸 신직수가 깊이 관여했다는 점이다.[2] 신직수가 김기춘의 선발에까지 영향력을 행사했는지는 알 수 없으나, 5·16 장학회를 만든 신직수와 5·16 장학금 1·2회 수혜자인 김기춘의 질긴 인연은 이때 시작되었다. 어찌 보면 박정희 체제가 장기적인 관점에서 5·16 장학생을 선발하면서 이미 고시에 합격한 '똘똘'한 김기춘에게 장학금을 던져준 것인지도 모른다. 신직수는 검찰총장 8년, 법무부 장관 3년, 중앙정보부장 3년, 대통령 법률 담당 특별보좌관 1년 등 박정희 집권 기간 18년의 대부분을 장관급으로 보내 대한민국에서 관운이 제일 좋다는 소리를 들었다. 김기춘은 그런 신직수의 극진한 총애를 받으며, 신직수가 자리를 옮길 때마다 따라다니며 인생의 전반을 보냈다.

군 복무를 마친 초임 검사 김기춘의 첫 발령지는 광주였다. 일설에는 그의 장인이 된 박찬일 변호사가 똘똘한 김기춘을 사위로 삼기 위해 그의 첫 부임지가 광주가 되도록 로비를 했다고 한다. 반면, 김기춘 자신은 법대 동기의 동생인 지금의 부인 박화자 여사에게 반해 그와 결혼하기 위해 스스로 광주를 임지로 선택했다고 주장했다.[3]

1964년 9월 광주에 부임한 김기춘은 1965년 2월 20일에 전남대 초대 총장과 참의원을 지낸 의학박사 최상채의 주례로 광주 남미파 예식장에서 결혼식을 올렸다.[4] 김기춘이 결혼식을 올리던 1965년만 해도 아직 영호남 간에는 지금과 같은 험한 지역감정이 없었다. 당시 남한에서 지역감정의 기본 축은 영호남 사이의 동서 축이 아니라 남쪽 출신과 북쪽 출신 간의 남북 축이었다. 김기춘은 대단한 애처가로 알려져 있다. 그는 부인의 건강을 끔찍이 챙기고, 자신이 쓴 책《형법개정시론》서문에서도 "끝으로 귀하게 자라 연약한 몸으로 공직자의 아내가 되어 기나긴 희생과 인고의 세월을 헌신적으로 내조자로서 언제나 지아비로 하여금 책을 가까이하면서 꿈과 이상을 좇아 심신과 정열을 불태울 수 있게 함으로써 쉽사리 부패하거나 속물화되지 않도록 힘이 되어주고 있는 나의 반려 박화자에게 결혼 20주년에 즈음한 사랑과 고마움의 정표로 이 한 권의 책을 바치는 바"[5]라고 웬만한 사람은 오글거릴 정도의 헌사를 공개적으로 표명하기도 했다. 다들 악몽처럼 기억하는 일이지만 김기춘은 한국 역사상 가장 부끄러운 지역감정 조장 사례인 1992년 초원복집 사건의 주역이었다. 그런 김기춘이 광주의 사위였고, 광주 출신 아내를 매우 사랑한 부드러운 남자였던 것이다. 이완용이 최고의 학식과 인품과 교양을 갖춘 당대 최고의 명필이었던 것처럼.

유신헌법의 설계자

김기춘은 1967년 부산지검 검사, 1969년 서울지검 검사를 거쳐 신직수가 법무부 장관이 된 직후인 1971년 8월에 법무부 법무과 검사로 발령이 나 신직수를 지근거리에서 보좌하게 되었다. 서울대 총장을 지낸 형법학자 유기천이 대만에서 고위층 인사에게 김기춘이 한국에서 대만 총통제를 연구하러 왔다 갔다는 말을 듣고는 이를 수업 시간에 얘기했다가 중앙정보부에 의해 내란선동 혐의로 입건된 뒤 자의 반 타의 반 망명길에 오른 직후의 일이다.[6] 이때 김기춘은 신직수 밑에서 극비리에 유신헌법을 만드는 작업에 깊숙이 간여한 것으로 알려져 있다.

서울대 법대 헌법학 교수를 지내고 유신헌법 제정에 상당한 역할을 했으며 뒤에 유신정우회 국회의원으로 정책위 의장을 지낸 한태연은 2001년 12월에 한국헌법학회가 개최한 '역사와 헌법 학술대회'에서 유신헌법 제정 과정과 김기춘의 역할에 대해 상세한 증언을 한 바 있다.[7] 한태연은 "측근들 얘기를 들으면 평소부터 박 대통령은 드골(Charles De Gaulle) 헌법에 대한 얘기를 많이 했다"며 "김기춘 과장을 파리에 보내 1년 동안 드골 헌법에 대한 자료를 수집하도록 했다"고 소개했다. 한태연은 "나와 갈봉근(당시 중앙대) 교수가 (법무부에) 가보니, 신직수 장관과 김기춘 과장이 주동이 돼 안을 모두 만든 상태"였고 "장관이 '골격은 손댈 수 없다'고 해 '자구 수정' 정도만 했다"며 "이게 내가 (유신헌법 제정에) 관여한 전부"라고 말했다. 유신헌법의 제정에는 한태연과 갈봉근이 중요한 역할을 했다고 해서 당시에 그들의 성을 따 '헝가리 헌법'이라는 비아냥거림이 있었는데, 한태연은 자신과 갈봉근의 역할을 축소하고 헌법 제정의 실무 책임을 신직수와 김기춘에게 미룬 것이다. 이에 대해 김기춘은 자신은 파리에 간 일이 없고 당시에 과장이 아니라 평검사였다면서, "장관이 여러 검사들에게 자료 조사나 스터디를 맡겼"는데 자신의 역할은 "프랑스에서는 비상사태하에서 대통령 권한이 어느 정도냐 하는 것 등에 대해 조사하고 스터디해 보고하는 정도 외에 다른 것은 없었다"고 한태연의 발언을 부인했다.[8] 김기춘의 프로필 어디에도 그가 프랑스어에 능통하다는 얘기가 없는 것으로 보아 그의 주장처럼 프랑스에서 드골 헌법에 대한 자료를 수집해온 사람은 김기춘이 아니라 프랑스어에 능통한 다른 검사일 수 있다. 그리고 김기춘이 당시 법무부 과장이 아니라 평검사였다는 것도 그의 주장대로이다. 문제는 김기춘의 역할이다. 디테일에서는 한태연의 기억이나 그가 알고 있는 것이 착오일 수 있으나, 유신헌법이라는 상품에서 한태연과 김기춘의 역할을 비유해서 말한다면 한태연은 포장지를 만들었고 김기춘은 알맹이를 만들었다고 할 것이다. 1972년 12월 27일의 유신헌법 제정 공포 이후 첫 번째 검찰 인사인 1973년 4월 초 인사에서 김기춘은 법무부 과장으로 승진했다. 그가 맡은 과는 무려 '인권옹호과'였다. 이때 언론은 김기춘과 그의 고시 2년 선배인 정해창이 "유신 체제의 법령 입법과 개정의 공로와 실력이 높이 평가되어 유례없이 발탁"되었다고 보도했다.[9] 1973년 봄의 검찰 인사에서 법무부 과장(부장검사급)으로 승진한 사람들이 주로 고시 8회[10]였기 때문에 10회인 정해창은 물론이고 12회인 김기춘이 승진한 것은 참으로 유례없는 일이었다. 이를 보면 김기춘이 유신헌법 제정에 각별한 공을 세웠음은 분명하다. 김기춘이 뒤에 검사장으로 승진했을 때 프로필을 보면 그가 "유신헌법 기초에 참여했고 텔레비전에 나와 명해설을 하기도 해 이름이 났었다"고 한다.[11]

'자칼의 날'로 문세광의 입을 열다

평검사 김기춘은 과장으로 승진했고 법무부 장관 신직수는 1973년 말 중앙정보부장으로 영전했다. 이때 신직수는 김기춘을 중앙정보부로 불러들여 법률 보좌관으로 삼았다. 1974년 8월 15일, 서른다섯 살의 새파란 검사 김기춘을 40년 후 최고령 도승지로 만들어준 숙명의 사건이 일어났다. 김대중 납치 사건에 분노한 재일동포 문세광이 국립극장에서 광복절 기념식 경축사를 하고 있던 박정희를 저격했고, 그 와중에 육영수 여사가 피격 사망한 것이다. 당시 육영수 여사가 실제로 문세광의 총에 희생된 것인지에 대해서는 문화방송(MBC) 〈이제는 말할 수 있다〉, 서울방송(SBS) 〈그것이 알고 싶다〉 등 여러 매체에서 진지하게 의혹이 제기되었다. 그러나 당시 수사 당국은 서둘러 사건을 조총련의 배후 조종을 받은 문세광의 흉탄에 육영수 여사가 서거한 것으로 결론지었고, 법원은 이 내용을 받아들여 문세광에게 사형을 선고했다. 사건 발생 4개월여 만인 1974년 12월 20일, 문세광에 대한 사형이 집행되었다.[12]

김기춘은 이 사건의 수사에 깊이 관여한 것으로 알려져 있다. 문세광 사건에 관한 외교문서가 공개된 2005년 1월 21일, 당시 한나라당 의원이었던 김기춘은 정범구가 진행하는 기독교방송(CBS) 〈시사자키 오늘과 내일〉에서 당시 자신의 역할에 대해 상세하게 증언했다.[13] 김기춘에 따르면 문세광은 사건 직후 중앙정보부 대공수사국에 인계되었지만 그로부터 하루가 지난 "8월 16일 오후 5~6시경까지도 묵비하고 일체 질문에 답을 안 했다"고 한다. 이에 김기춘은 대공수사국 소속은 아니었지만 문세광의 말문을 열도록 하라는 신직수의 지시로 수사팀에 합류했다. 김기춘은 "피의자들을 신문할 때 가장 중요한 것은 첫 번째 질문"이고, "보통 첫 질문에 답변을 거부하면 계속 답변을 거부하는 경향"이 있기에 고심 끝에 거두절미하고 아주 단도직입적으로 "프레더릭 포사이스(Frederick Forsyth)라는 추리 소설가가 쓴 《자칼의 날》이라는 소설을 읽었느냐"고 물었다. 이에 그때까지 일체의 답변을 거부하던 문세광이 반

가운 표정을 지으며 선생도 읽었느냐고 말문을 열었다는 것이다. 세계적인 베스트셀러로 영화화되기까지 한 《자칼의 날》은 프랑스의 비밀 군사 조직이 자칼이라는 테러리스트를 고용해 해방절 기념식에서 연설하던 드골 대통령을 암살한다는 내용이었다. 이 소설은 당시 국내에 번역되지 않았지만 일본어판을 읽은 김기춘이 문세광 역시 이 소설을 읽었으리라 생각하고 물어본 것이었다. 김기춘이 문세광에게 당신이 자칼 아니냐고 묻자 문세광이 그렇다고 답했고, 이에 김기춘이 다시 "그렇다면 남의 나라의 대통령을 저격하러 온 사람이 비겁하게 묵비만 하고 있으면 되느냐, 당당하게 경위를 답변해야 하지 않느냐"고 다그치자 문세광이 "다소 영웅 심리랄까, 그래서 그날 밤에 그 전모를 거의 다 이야기했다"는 것이다.[14]

문세광 사건에서 김기춘의 역할에 대한 그 자신의 설명은 이번에는 김기춘 자신의 '다소 영웅 심리랄까', 과장된 것이 분명하다. 김기춘은 문세광이 8월 16일 오후 5～6시경까지도 묵비하고 있었다고 주장했지만, 당시의 조간신문 〈조선일보〉, 〈한국일보〉, 〈서울신문〉 8월 16일 자를 보면 문세광이 이미 상당히 구체적인 내용을 진술하고 있었음이 분명하다. 김기춘이 수사에서 나름 중요한 역할을 한 것은 분명하지만, 그 자신이 설명하는 만큼은 아니었음도 분명하다. 김기춘은 언론에 자신의 역할을 적절히 과장할 줄 아는 사람이라고 평가할 수 있다.

육영수 여사가 실제로 문세광의 총에서 발사된 총탄에 희생된 것인지는 지금도 심각한 의문이 제기되고 있지만, 당시 수사 당국은 첫째로 육영수 여사의 살해범은 문세광이고, 둘째로 그의 배후에는 조총련이 있다고 단정 지었다. 박근혜의 입장에서 문세광을 범인으로 특정하여 그를 사형에 처하게 만든 수사진은 바로 어머니의 원수를 갚아준 고마운 사람들이라고 할 수 있다. 이 점에 관한 한 박근혜 주변에 있는 그 어떤 사람도 김기춘을 넘볼 수는 없을 것이다.

유신 체제의 대들보가 되어

문세광 사건 수사에서 나름 중요한 역할을 한 김기춘은 그 공으로 중앙정보부 대공수사국장으로 승진했다. 김기춘이 정확하게 언제부터 언제까지 대공수사국장을 맡았는지는 알 수 없다. 〈조선일보〉 인물자료에는 달 표시 없이 1974년에 중앙수사부 대공수사국 부장을 맡았고, 다음 경력으로는 1979년에 대통령 법률 비서관을 맡았다고 되어 있다. 중앙수사부란 물론 중앙정보부의 착오(어쩌면 의도적 오기)이고, 중앙정보부의 직제는 하도 자주 변해서 1970년대 중반 당시의 상황이 어떠하였는지 장담하기는 어렵지만 기관의 총책임자가 부장이기 때문에 당연히 내부에 부장이라는 직제를 둘 수는 없었을 것이다. 중앙정보부를 흔히 '남산'이라 부르는데, 현재 서울유스호스텔로 사용되고 있는 건물이 중앙정보부의 남산 청사였다. 거기서

200미터쯤 안쪽으로 들어가면 남산 청사와 거의 크기가 같은 건물(현재 서울시정 남산 별관)이 하나 있다. 이것이 대공수사국 청사였다. 민청학련 사건 직후 신직수가 박정희에게 이런 대형 사건을 수사하기 위해서는 대공수사국 인원을 보강해야 한다고 건의했는데, 그때 증원하자고 제안한 규모가 1,000명이었다고 하니 대공수사국이 얼마나 위세 당당한 부서였는지 짐작할 수 있을 것이다. 김기춘은 서른다섯 살 나이에 중앙정보부 내에서 가장 막강한 부서의 책임자가 된 것이다. 유신헌법을 만든 김기춘이 유신 체제 유지의 대들보가 되었다.

대공수사국장 시절 김기춘의 대표작이 1975년 11월 22일에 중앙정보부가 발표한 '학원 침투 북괴 간첩단' 적발 사건이다. 이 사건의 주요 피해자들은 재일동포였고, 사건 관련자들은 부산대, 서울대, 한신대에 유학 중이거나 이들과 친하게 지낸 재학생들이었다. 문세광 사건의 수사 당시 한국 정부는 조총련과 북한이 문세광의 배후에 있다고 밀어붙였지만, 일본 정부는 이 사건을 문세광의 단독 범행으로 보았다. 한국 정부, 특히 수사 당국으로서는 조총련과 북한이 한국 사회를 끊임없이 교란하고 전복하려 하고 있다는 것을 입증해야 했다. 이것이 그가 대공수사국장이 되었을 때의 상황이다.

1975년은 참으로 살벌한 때였다. 4월 9일, 인혁당 사건 관련자 8명이 형 확정 열여덟 시간 만에 사형을 당했다. 그리고 4월 30일, 박정희가 대규모 병력을 파병하여 지원했던 남베트남 정권이 무너지는 '월남 패망' 사태가 벌어졌다. 정국은 얼어붙었고, 선명야당을 표명하며 유신 체제에 도전하는 시늉을 하던 김영삼은 여야 영수회담 뒤 발을 뺐다. 그리고 장준하가 죽었다. 〈동아일보〉가 잠시 실족사가 아닐 것이라는 의문을 제기했지만 기자가 구속된 뒤 한국 사회는 깊은 침묵에 빠져들었다.

부산대로 유학 온 교토 출신의 김오자라는 젊은 재일동포 여학생은 이 깊은 침묵을 견딜 수 없었다. 그가 혼자 유인물을 쓰고 만들고 뿌렸다. 거기서 단서가 잡혔다. 그때만 해도 유인물에 한자를 쓸 때인데, 그가 '노동'을 한자로 쓰면서 일본식으로 '동(動)'에 사람인변을 붙여 '働'으로 쓴 것이다.[15] 중앙정보부가 이를 놓칠 리 없었다. 재일동포 유학생들이 무더기로 붙잡혀가 조사를 받았다. 당시 한국에 와 있던 재일동포 유학생의 숫자는 200~300명에 불과했는데, 이 사건 하나만으로 전체의 10퍼센트가량이 한꺼번에 간첩으로 몰렸다. 진실화해위원회에서 재일동포 사건을 많이 다룬 김영진 조사관에 따르면 "붙잡힌 사람이 그 정도고 조사는 유학생 모두가 받았다고 봐야 할 것"이라고 한다. 김오자 등은 수사 과정에서 엄청난 고문을 당했다. 김오자의 옆방에서 수사받은 재일동포 유학생 김동휘에 따르면 '인간의 비명 소리가 아닌 소리를 들었다'고 한다.[16]

군사독재 정권은 체제 유지를 위해 무수히 많은 간첩 사건을 조작했다. 무고한 시민들은 간첩이 되었고, 간첩을 조작한 자

들은 애국자가 되어 상금 받고 진급하고 출세했다. 어느 조작
간첩 사건이든 용서할 수 없는 것이지만, 재일동포 간첩 사건
은 더더욱 화가 나는 일이다. "박정희의 친일 문제를 비롯하여
여러 가지 논란이 많다. 나는 박정희가 범한 친일 행각이며,
좌익 활동과 전향이며, 군사반란이며, 독재와 인권 탄압에 대
해서는 죄가 밉지 사람이 밉나 하며 좀 너그러운 척도 해볼 수
있을 것 같다. 그래, 일본 놈 밑이지만 출세하고 싶고, 남로당
이 정권 잡을 것 같고, 반란음모로 걸렸을 때 살아남기 위해서
는 동지도 팔 수 있고, 정권 잡고 싶으니 군대 동원할 수도 있
고……. 다 나쁜 짓이긴 해도 유독 박정희만 이런 짓을 한 것
은 아니다. 그런데 일본에서 멸시와 차별 속에 살다가 민족적
정체성을 찾기 위해 고국에 온 재일동포 유학생들을 장학금
주며 따뜻한 격려는 못 할망정 거꾸로 매달아 간첩으로 만든
소행만 생각하면 자다가도 벌떡 일어나게 된다."[17]

그 책임자가 유신 시대의 절반 이상을, 자신의 30대 후반 전
체를 중앙정보부 대공수사국장으로 보낸 김기춘이다. 김기춘
은 이 사건을 발표하면서 기자들과 일문일답을 가졌는데, 여
기서 이 사건의 특징에 대하여 이렇게 말했다. "최근 수년간
대학가에서 벌어졌던 '데모'가 북괴 간첩의 배후 조종에 의한
것임을 증명한 '케이스'다. 누구나 짐작은 하고 있었지만 이번
사건에서는 북괴를 왕래하면서 간첩 교육을 받은 공작원이 적
나라하게 학원 '데모'를 선동, 유도했다. 또 한 가지 분명해진

것은 북괴가 그들의 대남적화 공작의 당면 목표를 우리 사회
일각에서 일고 있던 '자유화', '민주화' 움직임에 편승한 '해방
신학', '민주 회복' 등을 기폭제로 이용하는 데 두고 있는 점이
다." 그는 이 사건의 또 다른 특징으로 여학생이 많다는 점을
꼽으며 "지하철이나 버스 정거장 등지에서 중견 장교에게 추
파를 던져 접근, 소속 부대의 임무 등 군사 기밀을 빼내려 했
다"고 주장했다.[18] 5공 시절 부천경찰서 성 고문 사건 당시에
공안 검찰은 운동권 여학생들이 "성을 혁명의 도구"로 삼는다
고 비난한 바 있는데, 김기춘은 그 10년을 앞서간 것이다.

　김오자가 유인물을 뿌렸는지조차 몰랐던 노승일, 김정미 등
도 도서관에서 공부하다 잡혀와 간첩이 되었다. 몇 명 되지 않
았던 부산대 운동권은 쑥대밭이 되었다. 이 사건 이후 부산대
에서는 1979년 10월 부마 항쟁으로 폭발할 때까지 만 4년간
데모가 한 건도 없어, "이화여대생들이 남자 성기 그림과 가위
를 보내왔다"는 유언비어가 널리 퍼질 정도였다.[19] 인혁당 재
건위 사건이 박정희의 고향 대구의 운동권을 초토화시킨 것이
었다면, 1975년의 재일동포 학원 침투 간첩단 사건은 김기춘
이 학교를 다닌 정치적 고향 부산의 학생운동을 완전히 박살
낸 것이었다.

　김오자 등을 비롯한 재일동포 조작 간첩 사건 피해자들의 재
심을 위해 동분서주하고 있는 사람이 '재일한국인 양심수의
재심 무죄와 원상회복을 위한 모임'의 김정사 이사장이다.[20] 김

정사 자신도 서울대 사회 계열에 유학을 왔다가 간첩이 되었다. 1977년의 김정사 사건이 각별히 중요한 이유는 이 사건에서 재일동포들의 민주화 운동 단체인 한민통이 반국가 단체로 규정되었고, 이 판결을 근거로 전두환 일당이 김대중에게 사형을 선고했기 때문이다. 김정사 사건 재판부의 일원이 이명박 정부의 국무총리를 지낸 김황식이고, 김오자 등 무수한 재일동포를 간첩으로 만든 사람이 박근혜 대통령의 비서실장 김기춘이다. 이것이 한국 사법 엘리트들의 현주소이다.

김기춘과 제5공화국

사람들은 회고록을 쓴다. 자신에게 도움을 많이 준 사람이 그 사실에 대해 입을 다물어주면 얼마나 좋으련만, 도움을 준 사람은 그걸 회고록에 자랑한다. 회고록에서 자신이 겪은 다른 사람의 일을 솔직히 털어놓았다가 한참 뒤에 그 사람이 중요 인물이 되거나 그 사실이 새삼 주목을 받게 되는 바람에 곤란해지는 일도 자주 있다. 박정희 시절 청와대 비서실장을 오래 지낸 김정렴이 박근혜가 (대통령이 되리라고는 꿈에도 생각하지 못하고) 최태민에게 돈을 준 기업들의 편의를 봐주라는 형사 범죄 수준의 청탁을 한 사실을 회고록에 솔직하게 써넣은 것이나, 정수장학회 사건과 관련하여 중앙정보부 부산지부장이었던 박영기가 김지태에 대한 박정희의 수사 지시 사실을 섬세히 증언했다가 뒤에 번복한 것은 하나의 예에 지나지 않을 것이다. 김기춘에 대해서도 '6공의 황태자'라 불렸던 검찰 후배 박철언이 거북한 사실을 상세히 남긴 바가 있다. 박철언에 따르면 1970년대 후반 중앙정보부가 보안 사령부의 기를 꺾으려고 보안사에 대한 감사를 강화하고 애를 먹인 적이 있는데, 이때 중앙정보부 대공수사국장이 김기춘이었다. 그런데 5공이 들어서면서 보안사 세상이 되자 상황이 역전되어 보안사 출신의 허화평이 김기춘을 검사장 승진에서 탈락시키고 아예 옷을 벗기려 했다는 것이다.[21]

이 사건을 살펴보기에 앞서 먼저 1970년대 후반의 한 사건을 돌이켜볼 필요가 있다. 김기춘이 청와대 비서실장에 임명된 뒤 〈동아일보〉 논설주간 황호택은 과거 김기춘 자신에게 직접 들은 이야기를 토대로 채널A 시사 프로그램 〈논설주간의 세상 보기〉에서 이 사건에 대해 상세하게 이야기했다.[22] 그에 따르면 "1977년 10월 전방 사단에서 대대장 유운학 중령이 무전병을 데리고 월북하는 사건"이 터졌는데, "군을 발칵 뒤집어놓은 사건이었지만 언론통제가 강력하던 유신 시대라 신문 방송에 한 줄도 보도되지 않았다"는 것이다.[23] 당시 보안사는 유운학 중령이 북한에 의해 납치되었다고 박정희에게 허위로 보고했는데, 박정희는 보안사의 보고를 믿지 않고 합참과 중앙정보부 대공수사국장 김기춘에게 진상 조사를 지시했다. 사실 유운학은 사단 보안대에 약점이 잡혀 고민하다 스스로 월북해버린 것이었다. 황호택에 따르면, 김기춘이 조사를 해보니 "일선의 중대장, 대대장, 연대장, 사단장들 사이에서는 보안사 등쌀에 못 살겠다는 원성이 자자했다"는 것이다. 이 보고를 받은 박정희는 크게 화를 내며 "보안사의 권한을 축소하는 개혁안을 김 국장에게 성안하도록" 지시했고, 김기춘이 올린 개혁안에 따라 "보안사 정보처를 없애고 보안사 요원들을 정부 부처 및 기관에 출입하지 못하도록 했다"고 한다. 이렇게 축소된 보안사의 조직과 기능은 박정희가 중앙정보부장 김재규의 총에 맞아 죽고 보안 사령관이었던 전두환이 권력을 장악하면서 회복되었다. 위세가 당당하던 중앙정보부는 10·26 사건으로 졸지에 역적기관이 되었고, 간부들은 김재규와의 공모 여부에 대한 조사를 실시한다는 명목으로 모두 보안사 서빙고 분실로 끌려가 혹독한 조사를 받았다. 황호택은 중앙정보부를 접수한 보안사 요원들이 제일 먼저 찾은 사람이 김기춘이었다고 증언했다.[24]

김기춘은 정말 운이 좋은 사람이었다. 그가 대공수사국장으로 있었다면 꼼짝없이 서빙고로 끌려가 초주검이 되도록 당하고 옷을 벗어야 했을 것이다. 김기춘이 김재규 밑에서 2년가량 대공수사국장을 지내고도 무사할 수 있었던 것은 신직수와 박철언 덕이다. 신직수는 1976년 12월에 김재규에게 중앙정보부장직을 물려주고 변호사 사무실을 차렸다가 1979년 1월에 청와대 법률 담당 특별보좌관으로 다시 기용되었다. 이때 신직수는 중앙정보부에 남아 있던 김기춘을 데려다가 청와대 법률비서관으로 삼았다. 김기춘은 청와대에 근무하면서 당시 퍼스트레이디 역할을 하던 박근혜와 접촉할 기회도 자주 가졌을 것이다. 박정희의 죽음은 그와의 특수 관계 때문에 최고의 관운을 자랑했던 신직수의 날개가 꺾인 것을 의미했고, 이는 김기춘의 최고 후원인의 힘이 빠진 것을 의미했다. 유신 시대에 최고로 잘나가던 김기춘은 친정인 검찰로 복귀하여 1980년 6월에 대검 특수부 1과장을 거쳤고, 1980년 8월에는 서울지검 공안부장을 맡았다.

문제는 전두환이 유신헌법 대신 5공화국 헌법을 만들고 정식으로 대통령에 취임한 직후 불거졌다. 전두환 정권은 사법부에서 법관 526명을 재임명하고 37명을 탈락시켰고, 검찰에서는 "10년 이상 경력을 가진 검사 200명에게서 검찰 쇄신을 위해 인사권자가 소신 있게 인사를 할 수 있도록 한다는 명분 아래 일괄 사표를 제출하도록 하여 이 중 26명의 사표를 수리"했다.[25] 이때 문상익, 김태현 등 검사장급 5명도 옷을 벗었고, 뒤에 인권위원장을 지낸 김창국도 검찰을 떠나야 했다. 전두환의 보안사 사령관 시절 비서실장으로 세도가 당당했던 허화평이 김기춘의 옷을 벗기려 한 것도 바로 이때였다. 궁지에 몰린 김기춘은 청와대 비서관으로 있던 대학 후배 박철언에게 매달렸다. 김기춘에 대해서 좋은 인상을 갖고 있던 박철언은 허화평에게 전달해줄 테니 편지를 써달라고 말했다. 김기춘은 얼마 후 "일종의 충성 맹세"인 "구구절절 장문의 편지"를 써왔고, 박철언은 이 편지를 허화평에게 전달하며 적극적인 구명에 나섰다. 그 덕에 김기춘은 간신히 살아남았고 검사장으로 승진하기까지 했다. 하지만 보직은 검사장급에서 한직으로 취급받는 법무부 출입국 관리국장이었다. 오뚝이 김기춘은 1981년 말 정치근이 검찰총장이 되면서 검찰의 꽃이라는 검찰국장으로 발령이 났다. 그러나 1982년 이철희·장영자 사건 당시 "국회에서 수사 방향에 대하여 은연중에 대통령 핑계를 댔다"는 이유로 전두환의 눈 밖에 나게 되었다고 한다. 박철언이 적극적으로 변호하여 옷을 벗는 것만 면하고 한직 중의 한직인 법무연수원 연수부장으로 좌천되었다.[26] 김기춘은 여기서 4년을 버텼다. 그 후 검찰총장이 된 뒤 언론과의 인터뷰에서 "말솜씨는 간결 명료하고 논리적이고 설득력이 있으며 특히 비유가 적절"하다며 그 비결을 묻는 질문에 "남이 한직으로 물먹었다고 생각하는 연수원 생활을 4년여 하며 책을 많이 본 덕분"이라고 '가볍게' 넘겼다고 한다.[27]

'검찰 공화국' 건설의 주역

전화위복, 새옹지마란 말이 있다. 오뚝이 김기춘에게도 적용되는 말이다. 유신 시절에 가장 잘나가던 검사 김기춘은 5공 시절에는 찬밥을 먹었다. 세월이 바뀌어 노태우 정권이 들어선 뒤 여소야대 상황에서 5공 청산이 시대적 과제가 되었을 때

그 주역은 당연히 5공 시절 찬밥을 먹은 사람일 수밖에 없었
다. 김기춘은 1998년 12월에 검찰총장이 되었다. 언론은 김기
춘이 "중앙정보부 파견 근무 당시 보안사의 민간 업무 관여에
철퇴를 내린 것이 화근이 돼 보안사 출신이 권력의 핵을 이룬
5공 시절에는 빛을 보지 못했다"면서 "보안사 미움 산 꼿꼿한
검사"[28]라거나 "검사 생활 중 동기들의 추월을 불허하는 선두
주자였으나 유신 시절 중앙정보부 수사국장으로 파견돼 정국
을 주무른 게 5공 핵심 세력의 반감을 사 5공 8년 동안 '피해
자'로 때만 기다려왔다"[29]고 썼다. 박철언의 표현대로 "5공 당
시 전 대통령과 5공 실세들에 의해 좌천되어 절치부심"하던 김
기춘이 "이제는 5공 청산의 실무 주역이 되어 돌아온 것"이었
다. 김기춘이 지휘하는 검찰은 1989년 5공 비리 수사를 진행하
면서 전 안기부장 장세동 등 49명의 5공 인사를 구속했다.[30] 한
가지 흥미로운 것은 처음에 김기춘의 옷을 벗기려다가 충성 편
지를 받고 김기춘을 살려주었을 뿐 아니라 검사장으로 승진시
켜준 허화평은 당시 그가 소장으로 있던 준국책 연구기관 현대
사회연구소 노동조합(당시 위원장은 현재 시사평론가로 활동 중인
정관용이었다)이 민정당사 앞에서 허화평의 구속을 요구하며 시
위[31]를 벌였는데도 구속을 면할 수 있었다는 점이다.

김기춘이 검찰총장으로 있던 시절은 민주화 이후 수구 세력
의 반격이 시작되어 공안 정국-보수 대연합-범죄와의 전쟁이
이어진 시기였다. 이때 김기춘은 '미스터 법질서', '자유민주

주의 체제 수호의 선봉장'을 자임하면서 좌경용공 세력과 폭력 세력을 척결하겠다는 강경 발언을 연일 쏟아냈다. "6·29 선언 이후 민주화라는 미명 아래 좌경 세력이 사회 곳곳에서 머리를 드는 데 대해 단호하게 대처하겠다는 결심"을 했다는 것이다. 김기춘이 검찰총장으로 있을 당시 또 하나의 야심작이 바로 우지라면 사건이다. 검찰은 제조 공정에서 공업용 쇠기름(牛脂)을 사용했다는 혐의로 삼양식품 대표 등 여러 명을 기소했으나 수년간에 걸친 공방 끝에 그들은 모두 대법원에서 무죄 판결을 받았다. 〈경향신문〉은 "7년 9개월을 끌어온 우지라면 사건이 26일 대법원의 상고심 선고로 식품 회사 측의 승리"로 끝났지만 삼양식품의 경우 종업원 1,000명이 일자리를 잃었고 회사는 100억대의 제품을 회수해서 폐기하여 도산 위기에 빠졌고 부산유지화학공업은 결국 도산했다면서, "무리한 수사로 인해 국민 식생활에 엄청난 혼란과 피해"가 발생했다며 서툰 검찰 때문에 업계와 국민만 상처를 받았다고 비난했다.[32] 무죄 판결을 받은 뒤 삼양식품의 전중윤 회장은 "아무런 잘못이나 부정이 없었는데도 불구하고 기업을 도산 위기까지 몰고 간 우지 파동은 당시 군사 정부의 한 단면을 보여주는 것"이라고 비판했다.[33]

첫 임기제 검찰총장 김기춘은 1990년 12월 5일에 2년 임기를 마치고 물러났다. 6공 출범 이후 "검찰의 정치적 중립을 확고히 한다는 취지에서 여야 합의로 검찰총장 임기제를 도입했으나 5공 비리 수사와 공안 정국을 거치면서 임기제가 오히려 정치적 편향을 보장하고 있다는 비판과 함께 무용론까지 대두"된 가운데 임기를 마친 것이다.[34] 그해 연말 개각에서 김기춘이 법무부 장관에 기용될 것이라는 관측도 있었지만, 노태우는 임기를 막 마친 검찰총장을 법무부 장관에 기용하지는 않았다. 그러나 관운 좋은 김기춘에게 기회가 오는 데는 그리 오랜 시간이 걸리지 않았다. 1991년 4월 26일에 명지대생 강경대가 시위 도중 전경들에게 맞아 죽는 사건이 발생했다. 이후 보수 정권과 민주개혁 세력의 대결은 매우 격렬하게 전개되었다. 1987년 대통령 선거에서 민주화 운동 진영이 김대중, 김영삼 양 김씨의 분열로 패배를 자초한 뒤 재야와 청년학생들은 노태우 살인 정권을 이 기회에 끝장내고자 했다. 정권은 정권대로 여기에 거세게 맞섰고, 4월 29일 전남대 박승희, 5월 2일 안동대 김영균, 5월 3일 경원대 천세용이 분신하는 등 학생들의 분신 저항이 꼬리를 물고 이어졌다. 5월 6일에는 안기부에 의해 구속된 상태에서 병원에 입원했던 한진중공업 노조 위원장 박창수가 의문의 죽음을 당했고, 동료 노동자들이 진상규명을 요구하자 경찰은 백골단 22개 중대를 투입하여 최루탄을 퍼부으며 영안실 벽을 부수고 들어가 그의 주검을 탈취해갔다. 이어 5월 8일에는 재야 단체의 연합 조직인 전국민족민주운동연합(전민련) 사회부장 김기설이 서강대에서 분신자살했다. 시인 김지하는 5월 5일 자 〈조선일보〉에 "죽음의 굿판을 걷어치워라"라는 과격한 글을 기고했다.[35] 청년학생들의 분신이 연이어 발생하자 궁지에 몰린 정부와 수구 세력은 김지하의 주장을 발전시켜 학생들의 분신에 조직적인 배후 세력의 개입이 있다는 희한한 주장을 내놓았다. 그리고 김기춘에 뒤이어 검찰총장이 된 정구영이 이끄는 검찰은 김기설의 유서를 전민련 동료인 강기훈이 대필했다면서 그를 구속했다. 광주에서 무려 20만 인파가 운집한 가운데 월초에 숨진 박승희의 장례가 거행된 5월 25일, 서울에서는 또 다른 여학생 김귀정이 경찰의 강제해산 과정에서 숨졌다. 김기춘이 법무부 장관에 임명된 것은 바로 그다음 날인 5월 26일이었다.[36]

현재 강기훈의 유서 대필 사건은 재심에서 무죄 판결이 났고, 검찰이 대법원에 상고한 상태다. 검찰의 시나리오가 허위라는 새로운 증거가 속속 드러나고 있다.[37] 이 사건은 민주화로 중앙정보부-안기부가 체제 유지의 전면에서 한발 물러선 공백 상태에 발생한 위기를 검찰이 온몸을 던져 막은 것이었다. 유서 대필이란, 지금이나 그때나 말이 안 되는 사건이다. 검찰도, 수구 세력도 그것을 몰랐을 리는 없다. 그럼에도 그런 황당한 주장을 한 치의 주저함 없이 밀고 나가야 할 만큼 노태우 정권은 위기에 빠져 있었다. 검찰이 주도한 유서 대필 사건은 군과 정보기관이 퇴조한 가운데 검찰이 체제 유지의 주력부대임을 과시함으로써 대한민국을 한동안 '검찰 공화국'으로 만든 획기적인 사건이었다. 이 사건에서 김기춘은 선발투수는 아니었지만 절체절명의 위기 상황에 구원 등판하여 노태우 정권을 지켜내는 데 혁혁한 기여를 했다.

〈뉴스타파〉의 보도에 의하면 강기훈 유서 대필 사건을 조작한 검사들 대부분이 박근혜 후보의 대선 캠프 주변에 몰려 있었다.[38] 김기춘은 원로 그룹인 7인회의 일원이었고, 당시 서울지검 강력부장으로 사건의 수사 책임자였던 강신욱은 검찰 몫의 대법관을 지낸 뒤 2007년 박근혜 캠프의 법률지원 특보단장을 지냈고, 수사 검사였던 남기춘은 박근혜 캠프의 열린검증소 위원장, 수사 검사였던 윤석만은 박근혜 후보의 외가 조직인 대전희망포럼 공동대표였고, 수사 검사였던 곽상도는 박근혜 정부 출범 후 첫 번째 민정수석이 되었다가 채동욱 검찰총장을 장악하지 못했다는 이유로 밀려난 바 있다. 김기춘은 이들 모두의 우두머리다.

초원복집 사건과 대통령 탄핵

복어를 잘못 먹으면 탈이 난다. 치밀하고 깔끔하기로 소문난 김기춘도 복엇집에 갔다가 큰 탈이 났다. 흉악 범죄의 모의 내용이 고스란히 녹음되어 세상에 까발려진 것이다. 14대 대통령 선거를 이틀 앞둔 1992년 12월 16일, 김기춘이 부산에서 부산시장, 검사장, 경찰청장, 안기부 지부장, 교육감, 기무부대장, 상공회의소장 등 기관장들을 모아놓고 노골적으로 지역감정을 부추겨 민자당 김영삼 후보에 대한 지원을 모의하였는데, 이를 국민당 정주영 후보의 아들 정몽준 의원 측에서 도청하여 녹음한 테이프를 공개한 것이다. 김기춘은 사건 당시에는 현직이 아니라 전직 법무부 장관이었는데, 이는 선거 관리를 위해 10월 9일에 중립내각이 출범하면서 장관직에서 물러났기 때문이었다. 김기춘이 부산에 내려가 주요 기관장을 모아놓고 이렇게 열심히 뛴 것은 동향인 거제 출신의 김영삼이 대통령에 당선되면 그 공으로 안기부장이나 총리 같은 자리를 기대할 수 있었기 때문이라고 당시의 언론은 관측했다.[39]

각 언론은 정몽준 의원 측에서 녹음한 테이프를 풀어 상세히 보도[40]했는데, "우리가 남이가" 등 거기서 김기춘이 한 발언은 한동안 장안의 화제가 되었다. 이날 김기춘은 "중립내각이 나왔기 때문에 마음대로 못 해서 답답해 죽겠다"면서도 치밀한 성격과는 달리 막 달렸다. 그 자리에 모인 공직자들은 아직 장관의 반열에 오르지 못한 사람들이었는데, 김기춘은 그들에게 "안 해봐서 그런 거야. 장관이 얼마나 좋은지 아나, 모르지"라고 자랑하면서 "부산 경남 사람들 이번에 김대중이 정주영이 어쩌니 하면 영도 다리에서 칵 빠져 죽자"고 부추기기도 했다. 자기가 검찰총장과 법무부 장관을 하면서 워낙 무리수를 많이 두었던 것을 염려한 탓인지 김기춘은 "잘못되면 혁명적 상황이 와서 전부 끌려 들어가야 할 판인데 여당 해야지 그럼 어떡합니까"라고 걱정하기도 했다. 그러면서 그는 "하여튼 민간에서 지역감정을 좀 불러일으켜야 해"라는 노골적인 주문을 하면서 "훗날 보면 보람 있는 시민이라고 다들 느끼게 되지 않겠습니까"라고 자신했다. 녹음테이프가 돌아가고 있는 것을 알았다면 절대 보일 수 없었을 속마음이 고향에 가 술 한잔한 김에 거침없이 나온 것이다.

세상은 발칵 뒤집혔지만 뒤집기의 달인은 따로 있었다. 국정원 직원이 댓글을 달던 현장에서 적발되자 문을 잠그고 열어주지 않은 일을 가려던 여직원을 무지막지한 자들이 감금한 인권 유린 사건으로 뒤집은 신공은 이미 20년 전 초원복집 사건 때도 발휘되었다. 이 사건은 공권력을 동원하여 지역감정을 부추긴 파렴치한 부정선거 모의가 아니라 불법적 반인륜적 도청 사건이 되었다.

정상적인 국가라면 김기춘은 감옥에 가야 했고, 더 이상 공직을 맡을 수 없었어야 마땅하다. '부정 선거하기 좋은 나라' 대한민국에서 검찰은 초원복집에 모인 기관장들을 "공식 석상이 아닌 사적 모임에서 나눈 대화를 가지고 처벌할 수는 없다"며 무혐의 처분하고 모임을 주재한 김기춘만 불구속 기소했다.[41] 선거법 위반으로 불구속 기소된 김기춘은 김영삼이 대통령에 취임한 직후인 1993년 3월에 "선거운동원이 아닌 자의 선거운동을 규정한 구(舊) 대통령 선거법 제36조는 헌법에 보장된 표현의 자유와 참정권을 지나치게 제한하고 있어 위헌"이라며 법원에 위헌 제청을 신청했다.[42] 이에 〈동아일보〉는 김정훈 기자의 기명 칼럼을 통해 장관 재직 당시 "유난히 선거 관련법의 엄정한 집행을 강조"했던 김기춘이 "막상 이 법률이 자신에게 올가미로 다가오자 이의를 제기"했다면서, 이 위헌 심판 제청이 "법의 이름을 빌려 면죄부"를 구하려는 "탁월한 법률가 김기춘의 완벽한 탈출구"가 될 수 있다고 우려했다.[43] 결국 1994년 여름 헌법재판소는 이 조항이 위헌이라는 결정을 내렸고, 김기춘에 대한 재판은 공소 취소로 없던 일이 되었다. 법비(法匪)란 말이 있다, 온갖 비적이 들끓던 만주에서 가장 무서운 비적은 법으로 무장한 법비였다.[44] 김기춘이야말로 법비 중의 법비였다.

법비 김기춘은 1996년 신한국당 공천을 받아 고향 거제에서 국회의원에 당선된 뒤 2000년과 2004년 선거에서 연거푸 당선되어 3선 의원이 되었다. 국회의원 시절 그가 가장 많은 플래시 세례를 받은 것은 2004년 3월 12일 국회에서 노무현 대통령 탄핵이 가결된 뒤 헌법재판소에 탄핵안을 접수시킨 때였다. 당시 김기춘은 국회 법사위원장으로 탄핵 소추의 검사 격이었는데, 법사위 여당 간사는 16대 국회에 제출된 친일 진상 규명 법안에 대해 여야 간 합의가 이루어졌음에도 법사위에서 단기필마로 법안을 누더기로 만들어버린 합천 출신의 김용균이었다. 대통령의 사퇴를 촉구한 것이 제명 사유가 된다는 지금이나 유신 시대와 비교한다면 대통령을 실제로 자르려고 했던 2004년의 탄핵은 절차 민주주의가 극한으로 만개한 것이

2004년 3월 12일 당시 국회 법사위원장이었던 김기춘(가운데)은 국회에서 노무현 대통령 탄핵안이 가결되자 헌법재판소에 이를 접수시켰다.

라 할 수 있다. 그런데 그것을 이용해 탄핵안을 가결시키고 헌법재판소에 접수하러 간 자들은 친일과 유신과 5공과 지역감정의 화신들이었다. 김기춘과 김용균이 탄핵안을 헌법재판소에 접수시키는 사진은 온 나라를 뒤흔든 탄핵 사태의 본질이 '과거 청산 없는 민주화가 초래한 민주주의의 위기'였다는 사실을 웅변해준다.[45]

'흑역사' 올드보이들의 수장

김기춘은 이렇게 혁혁한 공을 세웠지만 지금으로부터 7년 전으로 아직 60대였던 2008년 18대 국회의원 선거에서 고령자라는 이유로 공천에서 탈락하는 수모를 겪었다. 그는 "이유도 없고 이해할 수도 없는 공천 탈락을 당했다"면서도 당의 결정에 승복하여 무소속 출마를 포기하고 "존경받는 원로의 한 사람으로" 남기로 했다고 밝혔다.[46] 그러나 지금 김기춘은 한국 정치의 최전선에 서 있다. 김기춘만이 아니다. 오죽하면 노무현 시대의 386 세대 대신 '신 386 세대' 또는 '쉰 386 세대'라 불리는 자들이 꾸역꾸역 나오고 있을까. 1930년대에 태어나 팔순을 바라보며 1960년대에 공직에 입문한 자들이 참 건강하기도 하다. 김기춘은 어딘가에서 "연산군 밑에는 채홍사들이 들끓고 세종대왕 옆에는 집현전 학자들이 모였다"는 말을 했다고 한다.[47] 지금 박근혜의 주변에는 누가 모여 있을까. 김기춘만큼은 아니더라도 각자가 나름 상당한 흑역사를 간직한 올드보이들과 지금은 백발이 된 유신 시대의 청년 장교들이 득시글거린다. 그 수장이 바로 기춘 대원군이다.

김기춘은 비서실장에 임명된 직후 공식 브리핑에서 "윗분의 뜻을 받들어"라는 말을 하여 젊은 기자들을 놀라게 한 적이 있다.[48] 사실 유신 전야인 1972년 7·4 남북공동성명 당시에 남측의 중앙정보부장 이후락과 북측의 부총리 김영주(김일성의

214 —

친동생)가 직함을 쓰지 않고 서명만 하면서 "서로 상부의 뜻을 받들어"라고 한 적이 있다. 남북이 20여 년간 서로 상대를 인정하지 않았기 때문에 국호나 직함을 쓰는 것이 거북했던 점을 나름 운치 있게 비켜간 것이다. 반면, 21세기 김기춘의 발언은 민주국가에서 대통령을 보좌하는 비서실장의 말이라기보다는 봉건 시대 도승지나 할 법한 얘기다.

검찰총장직에서 물러나면서 김기춘은 후배 검사들에게 "학생 시절의 순수성, 정의감이 끝까지 퇴색되지 않았으면 한다"는 말을 남겼다.[49] 남다른 흑역사를 간직한 김기춘에게 묻고 싶다. 당신의 학생 시절의 순수성과 정의감은 안녕들 하십니까?

5

역사로 본
전작권

남의 땅에서 남의 돈으로 군대

를 꾸려야 했던 임시정부도 외

국의 작전지휘를 받아야 한다는

것은 치욕으로 여겼다. 반면 임

정의 법통을 계승하였다는 대한

민국은 미군이 작전지휘권을 돌

려주겠다는데도 이를 받지 않기

위해 엄청난 대가를 지불한다.

박근혜 정권이 2015년까지 전시작전통제권을 전환하겠다는 공약마저 파기했다. 작전지휘권을 남의 나라에 맡겨두어도 군사 주권의 훼손이 아니라는 '쓰레기 같은' 글들이 넘쳐나기에 작전지휘권의 역사적인 측면에 대해 잠시 살펴보고자 한다.

현행 헌법 전문은 대한민국이 임시정부의 법통을 계승했다고 규정하고 있다. 전쟁기념사업회가 '군의 정통성'이라는 부제를 달아 펴낸 《현대사 속의 국군》이란 책을 봐도 마치 한국군이 광복군의 정통성을 계승한 것처럼 되어 있다.[1] 참 뻔뻔한 일이다. 일본군과 만주군 출신들이 국군을 지배해온 역사는 접어두고 현재의 모습만 갖고 얘기하더라도 광복군을 계승했다고 나설 수 있을까?

임시정부의 군대도 가졌던 작전지휘권

박근혜 정부와 임시정부의 가장 큰 차이는 군사 주권에 대한 태도에서 극명하게 드러난다. 1940년에 광복군이 창건될 때 무기도 중국 정부가 대주었고, 훈련도 중국 정부가 시켜주었고, 밥도 중국 정부가 먹여주었다. 광복군이 활동할 수 있는 지역도 당연히 중국 땅이었다. 중국 정부 입장에서 광복군에 대해 작전지휘권을 행사하려 한 것은 당연한 일이었다. 만약 한국에 민주 정권이 들어서 예컨대 버마의 민주화 운동을 후원하여 민주해방군을 훈련시켜준다 하더라도, 그들이 한국 땅에서 독자적인 작전지휘권을 행사한다고 하면 펄쩍 뛸 일이기 때문이다.

중국 정부는 이른바 '한국광복군 9개 행동준승'을 제정하여 광복군에 중국군사위원회의 통할·지휘를 받으며 임시정부가 아니라 중국 최고 통수부의 유일한 군령을 접수해야 한다고 통보해왔다. 준승의 '승(繩)'이 오랏줄을 뜻한다는 점에서 알 수 있듯이 중국은 광복군이 한국으로 진공 작전을 편다면 몰라도 중국 내에서는 중국군사위원회 아래 꽁꽁 묶어두려 했다. 중국국민당이 적극 지원했던 조선의용대가 어느 날 갑자기 중국공산당 지역으로 사라져버린 탓에 중국도 작전지휘권 문제에 민감하게 반응한 것이다.

참 분했지만 돈도 없고 힘도 없던 임시정부로서는 선택의 여지가 별로 없었다. 임시정부 국무회의는 "손님인 객군(客軍)은 주재국의 주권을 침해할 수 없다"는 이유로 인통접수(忍痛接受), 즉 아픔을 참으며 이를 받아들였다.[2] 그러나 내부의 반발은 드셌다. 임시정부 군무부장 조성환은 얼마 안 되는 원조 때문에 "중국에 예속된다면 광복군은 도리어 우리 독립운동을 말살하는 기관일 뿐"이라고 부끄러워했고,[3] 군무부 차장 윤기섭은 '9개 준승'을 받아들이면 "광복군은 중국의 노예 군대"가 된다고 단언했다.[4] 이 문제를 논의하는 임시의정원은 가히 아수라장이었다. 문일민 의원은 "이 자리에서 죽어도 또다시 망국노 노릇은 못 하겠다"고 격앙했고, 조완구 의원은 '굶어 죽을 각오'를 하고 '9개 준승'의 폐기를 선언할 것을 촉구했다.[5] 어떻게 '9개 준승'을 의회의 통과도 없이 정부가 접수하였느냐(1950년의 작전지휘권 이양도, 2015년의 무기한 연기도 의회의 승인을 거치지 않았다!)는 의원들의 힐난에 외무부장 조소앙은 '9개 준승'은 조약이 아니라 임시적인 군사협정에 지나지 않는다고 변명했다. 이런 변명을 한 조소앙도 광복군이 준승에 얽매임으로써 일본군과 대적하기는커녕 중국군을 위해 하잘것없는 정보나 제공해주고 책상에 앉아 정훈사무나 보고 있다고 개탄했다.[6]

　3년간에 걸친 끈질긴 교섭 끝에 중국 정부는 1944년 9월, 마침내 '9개 준승'을 폐기한다는 결정을 내렸다. 임시정부는 사람만 내었을 뿐 남의 땅에서 남의 돈으로 군대를 꾸려야 하는 곤궁한 처지였지만, 대한민국의 국군이 외국의 작전지휘를 받아야 한다는 것은 치욕으로 여겼다. 반면, 임시정부의 법통을 계승하였다는 대한민국의 현 정부는 객군인 미군이 작전지휘권을 돌려주겠다는데도 펄쩍 뛰며 이를 받지 않기 위해 미국에 엄청난 대가를 지불했다.

이렇게 작전지휘권을 갖지 못한 군대가 역사상 또 있었을까? 하늘 아래 새로운 것은 없다는 말이 있다. 한국군 이전에 만주군도 작전지휘권 따위는 가질 엄두도 내지 않았다. 중국 학자들은 그런 만주군을 서슴없이 위만군(僞滿軍), 즉 '괴뢰 만주군'이라 부른다. 한국군에게 미군이 있다면 만주군에게는 관동군이 있었다. 외형상 한미연합 사령부라는 틀을 갖고 있는 우리와는 달리, 관동군은 이렇다 할 법적 근거 없이 '내면지도(內面指導)'를 통해 만주군뿐 아니라 만주국의 국정 전반을 좌우했다. 만주군은 소련을 상대로 하는 국방은 관동군에 맡기고 공비 토벌이라는 국내 치안만을 담당했다. 한국 전쟁 기간이나 그 직후에 군에서 두각을 나타낸 백선엽, 정일권, 강문봉 등은 만주군 출신이었다. 이는 자신들이 세계 최고라고 자부하며 뻣뻣했던 일본군 출신보다 체질적으로 상전을 모시는데 익숙했던 만주군 출신들이 미군 우위의 지배 체제에 훨씬 더 잘 적응한 것과 무관하지 않을 것이다.

작전지휘권 환수가 싫었던 이승만

이승만은 한국 전쟁 초기인 1950년 7월 15일에 유엔군 사령관 맥아더에게 한국 국민과 정부는 "현재의 적대 행위가 계속되는 동안" 한국군이 "귀하의 전체적 지휘를 받게 된 것을 '영광'으로 생각한다"는 편지를 보냈다. 주한 미8군 사령관으로 1975년 유엔군 사령부가 해체될 당시 마지막 유엔군 사령관을 겸했던 리처드 스틸웰(Richard Stilwell)은 한국군의 작전지휘권이 미국으로 넘어간 것을 "지구상에서 가장 경이로운 주권의 양도"라고 평가했다.[7]

꽤 오랫동안 미국은 한국에 작전지휘권을 돌려주려 하지 않았다. 그 이유는 첫째로 미군이 한국군 장성들, 특히 일부 일본군 출신 장성들의 지휘 능력을 믿지 않았기 때문이다. 한 예로 미8군 사령관 밴 플리트는 3군단장 유재홍이 중국군에 포위당했다고 지레 겁을 먹고 부하와 장비를 버린 채 도망 오자 당신도 군인이냐고 힐난하면서 그를 보직에서 해임했고, 한국군 지휘관에게 주요 부대의 지휘를 맡기지 않았다.[8] 둘째, 미국은 이승만이나 박정희 같은 독재자들이 국내의 어려운 정치 상황을 대북 군사 도발을 통해 모면하려는 불장난을 하지 않을까 우려했다. 사실 이승만은 미국의 이런 우려를 적극 활용하여 미군을 붙들어 매었다고 해도 과언이 아니다. 이승만은 북진통일을 주장하며 정전협정에 끝내 서명하지 않았고, 반공

포로 석방과 같은 초강수를 두는 것도 마다하지 않았다. 이승 만은 무슨 짓을 저지를지 모르는 '또라이'라는 인상을 줌으로 써(이승만의 입장에서는 잘 계산된 미친 짓이었다) 미군이 작전지휘 권을 한국에 돌려주고 떠날 수 없도록 했다. 이승만이 정전협 정에 서명하지 않고 작전지휘권을 환수하지 않은 것은 개인의 정권 유지에는 유리한 것이었는지 몰라도 남북 관계와 한미 관계에는 두고두고 큰 부담으로 작용했다. 특히 남북 관계에 서 이북은 "어른들 얘기하는 데 애들은 끼어들지 말라"는 투로 대미 직접 교섭을 추구했다.

베트남에서 작전지휘권을 되찾은 채명신

1968년 초 이북 특수부대의 청와대 기습과 푸에블로호 사건 으로 한반도의 긴장이 극도로 고조되었을 때 존슨(Lyndon Baines Johnson) 미 대통령의 특사로 한국을 방문한 밴스(Cyrus Roberts Vance)는 박정희가 만취 상태에서 몇 차례 이북에 대 한 공격 명령을 내렸는데 장성들은 박정희가 (술자리에서) 내린 지시에 관해 다음 날 아침 언급하지 않으면 전날 밤 그가 내린 명령들을 잊어버린다고 비망록에 썼다. 미 대통령 존슨은 박 정희가 "지나치게 호전적(too belligerent)"이며 "과음과 엉뚱한 행동(heavy drinking and erratic behavior)"을 자주 한다고 크게 우려했다.[9]

이런 박정희에게 미국은 작전지휘권을 돌려주려 하지 않았지만, 박정희는 재임 기간 중 집요하게 작전지휘권의 환수를 위해 노력했다. 대부분의 언론이 작전지휘권 문제가 광주 학살에 동원된 군대의 작전통제권을 둘러싸고 촉발되어 노태우 정권 때 상당 부분 진척된 것으로 쓰고 있지만 이는 사실과 다르다. 작전지휘권을 되찾아야 한다는 논의는 이승만을 축출한 4월 혁명 이후 활발히 전개되었으나 5·16 군사반란으로 미국의 작전지휘권이 손상을 입고 그 책임으로 매그루더(Carter Bowie Magruder) 8군 사령관과 그린(Marshall Green) 주한 미국 대리대사가 경질되면서 한동안 수면 밑으로 가라앉았다.

한국군의 작전지휘권에 대한 논의가 다시 불붙은 것은 베트남 파병 때였다. 미국은 자국에서도 작전지휘를 받는 한국군이 월남에서 미군의 작전지휘를 받는 것을 당연하게 여겼다. 그러나 주월 한국군 사령관 채명신 장군이나 당시 공화당 의원이던 차지철은 이에 격렬히 반대했다. 채명신 장군은 생전에 필자에게 월남전은 승리할 수 없는 전쟁이었기에 파병 자체를 반대했지만 박정희가 자신을 굳이 사령관에 임명했고, 일단 파병되자 미군에 예속되어 함께 진흙탕에 빠질 수는 없었기에 한국군의 피해를 최소화하기 위해 작전지휘권만은 독자적으로 행사하기로 마음먹고 이를 관철시켰다고 말했다.[10] 그는 한국군의 작전지휘권이 미군에 넘어가면 안 그래도 한국군을 미군의 용병이라고 비난하고 있는 공산 진영의 선전에

월남전 당시 주월 한국군 사령관이었던 채명신은 미군을 강력히 설득해 작전지휘권을 확보했다. 승리할 수 없는 진흙탕 같은 전쟁에서 아군의 피해를 최소화하기 위해서라도 작전지휘권만은 독자적으로 행사해야 했다는 게 그의 전언이다.

확실한 증거를 주게 되는 것이라고 미군을 설득했다고 밝혔다. 특히 베트남 전쟁의 경우, 한국 전쟁과 마찬가지로 미군 없이는 전쟁 수행이 불가능함에도 남베트남 측이 자국군에 대한 작전지휘권을 고수하고 있는 상황에서 한국군만 미군에 예속된다면 "전 세계의 웃음거리"가 되는 것을 면할 길은 확실히 없었다.[11]

외국에 나간 주월 한국군이 독자적인 작전지휘권을 확보하게 되자 안방인 한국에서도 작전지휘권을 되찾아야 한다는 주장이 당연히 힘을 얻게 되었다. 당시 언론 보도를 보면 군 출신 의원이나 전문가들도 (방법이나 시기에 대한 견해는 조금씩 다를 지라도) 한결같이 한국군이 독자적인 작전지휘권을 행사하지 못한다는 것은 중대한 주권의 침해 또는 유보이며 전쟁이 끝나고 10년이 훨씬 넘었는데도 이를 되찾아오지 못하는 것은 수치스러운 일이라고 입을 모았다. 특히 이와 같이 중대한 주권의 양도가 국회의 동의나 비준 없이 이승만의 편지 한 장으로 이루어진 것은 있을 수 없는 일이므로 작전지휘권을 유엔군 사령부에 맡겨두는 것이 한동안 불가피하더라도 이 문제만큼은 당장 바로잡아야 한다는 데 이견이 없었다.[12] 예비역 준장으로 중앙정보부 기획실장을 지낸 공화당 의원 최영두는 국회의 비준 동의를 받지 않은 작전지휘권 이양이 원천 무효라면서, 1966년 10월 29일에 '국군의 작전지휘권 이양에 관한 협정'의 폐기 건의안을 제출하기도 했다.[13] 특히 1968년 1월 21일에 이북 특수부대의 청와대 기습 사건으로 '무장공비의 수도 침입'이라는 미증유의 사태가 발생하고 도주하는 특수부대원들을 추적하는 데 헬기 한 대 제때 띄울 수 없는 현실이 드러나자, 대간첩 작전에서만이라도 작전지휘권을 환수해야 한다는 소리가 군 내부에 드높아졌다.[14] 그러나 미국은 여전히 한국의 독재 정권을 완전히 신뢰하지 않았다. 베트남 전쟁을 거치면서 한국군 장성들의 지휘 능력에 대한 평가가 상당히 개선되긴 했지만 작전지휘권을 넘겨줄 마음은 없었다.

한국 안보가 불안한 진짜 이유

1976년 10월, 주한 미군 철수를 공약해온 카터(Jimmy Carter) 후보가 미국 대통령으로 당선되어 주한 미군의 완전 철수 또는 대폭 감군이 가시화되자 작전지휘권 이양 문제는 새로운 국면을 맞았다. 특히 제3세계 비동맹 운동이 거세게 전개되고, 아시아와 아프리카의 신생 독립국들이 대거 유엔 회원국이 되고, '중공'이 안보리 상임이사국이 되면서 미국이 주도해온 유엔의 분위기가 바뀌어 더 이상 한반도에 유엔군 사령부를 유지할 수 없는 상황이 되었다. 1975년 6월 27일, 미국의 주도하에 영국, 캐나다, 일본 등 6개국은 한국 정부와 협의를 거쳐 휴전협정 당사자인 중국과 이북이 동의한다면 1976년 1월 1일을 기해 유엔군 사령부를 자진 해체하겠다는 결의안을 제출했다.[15] 주한 미군 철수와 유엔군 사령부의 사실상 해체라는 조건하에서 미국이 일방적으로 행사해오던 작전지휘권 문제도 큰 변화를 겪지 않을 수 없었다. 1978년 11월의 한미연합 사령부 창설은 이런 배경하에 이루어진 것이다.

박근혜 대통령의 당선으로 한국 민주주의가 유신 시대로 후퇴한 것 아니냐는 이야기가 많이 나온다. 그러나 박근혜 정권의 작전지휘권 전환 포기는 유신을 넘어 만주국 시절로 회귀한 것이 아닌가 하는 우려를 더한다. 박정희는 비록 만주군 출신이었지만 자주국방을 표방하며 작전지휘권 환수에 큰 노력을 기울였다. 지금 국방부 장관이요, 참모총장이요, 하는 자들은 그런 뱃심도 없는 '똥별'들이다. 박정희와 박근혜 사이에는 중대한 차이점이 있다. 박정희는 그 자신이 최고의 군사 전문가였지만, 군사 문제에 백지인 박근혜는 참모총장 출신들에 둘러싸여 군피아들의 '호갱' 노릇만 하고 있다는 것이다. 박정희가 나름 심혈을 기울였던 자주국방은 이제 엄청난 방산 비리의 온상으로 전락했고, '육방부'는 육해공군의 균형 있는 발전 대신 미군의 바짓가랑이만 붙들고 늘어지며 막대한 국방 예산을 낭비하고 있다. 여기가 네버랜드인가. 어른이 되기를 거부하는 자들이 어떻게 전 국민의 생명과 재산에 대한 보호를 책임진단 말인가. 한국 안보가 불안하다면 그 진짜 이유는 무책임하고 무능력한 자들이 자기들만이 안보를 책임질 수 있다고 믿으며 이를 독점하고 있기 때문이다.

6

어제의 야당

옛 민주당 시절부터 민주당을

배회하는 하나의 유령이 있다.

그것은 중도 노선이다. 진보 표

만 갖고는 이길 수 없으니 중도

표심을 잡아야 한다는 것이다.

얼핏 일리 있게 들리는 말이지

만, 역사적 경험도 현실도 그렇

지 않다고 가르쳐준다.

응징받은 야당

일찍이 유례를 찾기 힘든 야당의 위기다. 아니, 비슷한 상황이 전혀 없었던 것은 아니다. 딱 10년 전인 2004년,• 지금은 여당인 새누리당의 전신 한나라당이 집권당의 분열을 틈타 노무현 대통령에 대한 탄핵을 감행했다가 거센 역풍을 맞은 적이 있다. 내 손으로 뽑은 대통령을 기득권 세력이 자기들 마음대로 끌어내리려는 것에 분노한 시민들은 민주 정권에 처음으로 단독 과반수 의회를 선물했고, 진보 진영도 민주당과 자민련을 제치고 단숨에 원내 제3당으로 약진했다. 10년이면 강산도 변한다는 옛말이 틀리지 않았다. 4대강 사업으로 국토만 파헤쳐

• 이 글은 2014년 8월 5일 '비례대표제 포럼' 주최로 국회 의원회관에서 열린 토론회 발표문이다. 당시의 상황을 그대로 전하고자 원문은 유지하고, 이후 변화된 사항들에 대해서는 주석을 통해 보충했다.

진 것이 아니다. 정치 지형도 너무나 변했다. 탄핵 불장난에 고대광실 태워 먹고 길바닥에 나앉은 한나라당을 천막당사에 추스른 박근혜는 지금 청와대를 차지하고 있고, 룰루랄라 탄핵안을 들고 헌법재판소를 찾았다가 인생 끝날 뻔했던 김기춘은 150년 만에 대원군이란 호칭을 되살려내며 역대 최강 2인자의 권세를 누리고 있다. 반면 입법부·사법부·행정부의 3부 중 대통령과 의회 단독 과반수 등 선출되는 권력 전부를 위임받았던 민주 진영은 개혁의 변죽만 울리다가 정권을 내줬고, 5년 만의 정권 탈환에도 실패했다. 그리고 세월호 사건과 잇단 인사 참사 등의 와중에 치러진 선거에서 11 대 4로 이겨도 시원찮을 판에 4 대 11로 말아먹어버렸다. 새정치민주연합은 박근혜 정권을 심판하겠다고 달려들었지만, 정작 표를 가진 시민들이 먼저 심판해버린 것은 이름뿐인 '새 정치'였다. 한 표차의 패배도 패배일 수밖에 없는 냉정한 선거에서 간판스타 노회찬을 내세우고도 패배한 진보 진영의 처지는 더욱 한심하다. 10년 전만 해도 수십 년 만의 의회 진출에 고무되어 2012년에 집권한다느니, 그건 좀 빠르고 2017년은 되어야 집권할 것이라느니 하며 마음껏 꿈에 부풀었다. 10년이 지난 지금, 의석수는 그때와 큰 차이가 없지만 진보 정당이 통합진보당, 정의당, 노동당 등으로 산산이 쪼개져버린 오늘, 10명의 진보 정당 소속 의원 중 차기 총선에서 살아남을 수 있다고 자신할 사람은 아무도 없다.

역설적으로 위기는 민주개혁 진영이 야당으로서 최대 의석을 점하고 있을 때 발생했다. 2004년 탄핵 직후 치러진 17대 총선에서 한나라당이 얻은 의석수는 121석, 이번 재보궐 선거에서 참패했다지만 새정치민주연합은 여전히 129석을 가진 거대 야당이다. 3선 개헌을 막아내지는 못했지만 아무도 야당은 뭐 하고 있느냐는 비판을 제기하지 못했던 1960년대 말의 신민당 의석수는 불과 45석(1967~1971년 제7대 국회)이었다. 3당 합당이라는 보수 대연합을 통해 초유의 거대 여당 민자당이 출현했을 때 평민당 의석수는 97석으로 전체의 32퍼센트에 불과했지만 7년 만에 정권 교체를 이뤄냈다. 지금 새정치민주연합은 한국 야당사에서 유례없는 의석수를 자랑하고 있지만 덩치만 커졌을 뿐 존재감은 가장 미미하다. 돌이켜보면 야당의 존재감이 땅에 떨어진 것도 새삼스러운 일은 아니다. 2008년 광우병 촛불 시위 때도 그랬다. 그해 4월의 18대 총선에서 민주당은 17대의 절반 수준으로 축소되었지만 여전히 81석을 보유하고 있었다. 그러나 촛불의 열기 속에서 민주당은 보이지 않았다. 그 당시 제1당은 이명박당이고, 제2당이 박근혜당, 제3당이 강기갑당, 그다음에 민주당을 비롯한 군소 정당들이 있다는 웃지 못할 이야기가 떠돌았다. 2012년 19대 총선에서 시민들은 민주당에 130석 가까이 의석을 늘려주었다.

● 헌법재판소는 2014년 12월 19일 통합진보당의 해산을 결정하면서 소속 의원 5명의 의원직을 박탈했다.

의석수가 부족해서 무엇을 할 수 없다는 말을 할 여지를 없애준 것이다. 2014년, 시민들은 박근혜 정권을 심판하기에 앞서 말로만 정권을 심판하겠다고 할 뿐, 정권 심판을 위한 그 어떤 능력도 준비도 결기도 보이지 않은 새정치민주연합을 먼저 응징해버렸다. 안철수는 자신이 대표가 되어 "발목 잡는 정당의 이미지를 없앴다"[1]고 자화자찬했지만, 시민들은 박근혜의 독주에 발목조차 잡지 못하는 야당을 심판한 것이다. 견제 기능을 상실한 야당은 야당이 아니다. 시민들은 무능한 야당으로는 절대로 무능한 정부를 개혁할 수 없다는 판단을 실천에 옮겼을 뿐이다.

사쿠라, 중도, 우클릭

옛 민주당 시절부터 민주당을 배회하는 하나의 유령이 있다. 그것은 중도 노선이다. 진보 표만 갖고는 이길 수 없으니 중도 표심을 잡아야 한다는 것이다. 얼핏 일리 있게 들리는 말이지만, 역사적 경험도 현실도 그렇지 않다고 가르쳐준다. 이번 재보선의 성적표가 적나라하게 깨우쳐주고 있지 않은가? 민주당 후보를 대통령으로 뽑아줬지만 한나라당이 지배하는 의회 독재라는 말이 나올 정도였기에 17대 총선에서는 열린우리당을 단독 과반수로 만들고 거기에 덤으로 민주노동당 10석까지 보태주었다. 일반 시민들은 한번 제대로 바꿔보라고 선거로 만들어줄 수 있는 모든 권력을 다 만들어주었다. 제국주의 침략과 분단과 전쟁과 학살과 독재로 이어져온 한국 현대사에서 이런 정치 지형은 어쩌면 수십 년 안에 다시 오지 않을 기회였다. 그런 17대 국회가 이른바 개혁 입법이라고 한 것은 딱 하나, 사학법을 좀 고친 것뿐이었다. 그나마 박근혜가 원외 투쟁하며 버텨 다시 물려주지 않았던가. 지금 새정치민주연합에는 17대에 처음 등원했다가 18대에 낙선하고 19대에 다시 당선된 사람들이 많다. 이들 중 상당수는 탄핵 반대 열기 덕에 당선되었다고 해서 '탄돌이'라 불리기도 한다. 그런데 이분들은 자신들이 18대 총선에서 왜 떨어졌는지 도대체 모르는 것 같다. 2008년 18대 총선에서 개표 막바지까지 한나라당과 경합했던 수도권 후보들은 거짓말처럼 1,000~2,000표 차이로 다 떨어졌다. 17대 때 열린우리당 의석수를 세 배 가까이 뻥튀기해주며 한번 잘해보라고 밀어주었던 유권자들의 마음이 그만큼 떠나버렸기 때문이다. 투표를 안 함으로써 시민들은 이들을 응징했다. 그리고 다시 한번 기회를 주었다가 역시나 하며 마음을 접었다.

'중도 노선, 중도 노선' 하지만 분단 한국의 이념 지형을 냉정히 짚어보자. 한국의 진보 정당이 내건 강령은 유럽을 기준으로 하면 중도 우파에도 미치지 못할 뿐 아니라, 해방 공간에서 우파들만 모여 만든 제헌헌법보다도 한참이나 후퇴해 있다. 그런 진보 세력을 상대로 종북몰이나 해대고 세월호 유족을 상대로 막말이나 해대는 새누리당 강경파가 보수 정치인이고 〈조선일보〉가 보수 언론인가? 그들이야말로 극우 수구 꼴통이라 할 수 있다. 중도를 표방하려면 그들의 극우 프레임에 갇히지 말고 제대로 중심 잡힌 중도의 길을 가라. 중도 노선 문제와 관련하여 꼭 짚고 넘어갈 사항이 있다. 지금은 극우파의 원로 행세를 하고 있는 이철승이 유신 시대 신민당 당수로 있으며 내세운 중도통합론이다.[2] 말이 번드르르해서 그렇지, 이철승처럼 행동하는 사람들을 부르는 용어가 1960년대에는 따로 있었다. 사쿠라, 좀 큰 놈은 왕사쿠라! 사쿠라가 없어진 것이 아니다. 일상생활에서 일본어를 없애자는 노력으로 말만 없어졌지, 사쿠라는 중도로 '진화'했다. 이철승은 어떻게 신민당 당수가 되었을까? 이철승에게 당수 자리를 헌상한 것은 김영삼이었다. 1974년, 김영삼은 선명야당을 표방하며 지금의 486보다 훨씬 젊은 나이에 야당 총재가 되었다. 그러나 그는 인혁당 인사들에 대한 사형 집행이라는 유신 정권의 발악과 '월남 패망'이라는 국제 정세의 격변 속에서 투쟁의 깃발을 내려놓았다. 잘 싸우겠다고 해서 뽑아준 자가 싸움을 포기했는데 다시 그를 밀어줄 사람은 없었다. 이듬해 이철승이 신민당 대표가 되고 나서 내놓은 것이 중도통합론이었다. 이철승은 대놓고 신민당은 정권 담당 능력이 없다고 떠들고 다녔다.[3] 좌와 우, 진보와 보수 사이의 중도가 아니었다. 서로 경합하는 상대적 가치들 속에서의 중도가 아니었다. 우리가 반드시 지켜야 할 민주, 인권, 평화와 같은 보편적 가치와 그것을 파괴하려는 시도 사이의 중도는 야합일 뿐이다.

다시 '야투'가 필요하다

야당의 탈을 쓰고 유신 정권 같은 독재 비위 맞추기에 급급하니 야당 내에 새로운 움직임이 태동했다. 줄여서 야투, 정식 명칭으로는 야당성회복투쟁동지회였다.[4] 오죽했으면 야당 내에서 야당성을 회복하자는 얘기가 나왔을까. 어쩌면 이때 야투에 모였던 일반 당원들은 지금 새정치민주연합 의원님들처럼 많이 배우고 많이 세련된 사람들은 아니었다. 어쩌면 이들은 한때 민주당 내에서 회자되었던 '난닝구'[5]에 가까운 사람들이었는지도 모른다. 그러나 한 가지만은 분명했다. 야당이 야당다워야 야당이지, 야합하는 것은 야당이 아니다!

박정희가 총에 맞은 것은 1979년 10월 26일이지만, 그 열 달 반 전인 1978년 12월 10대 총선에서 아무도 예상하지 못한 이변이 일어났다. 야당인 신민당의 득표율이 집권당인 공화당보다 1.1퍼센트 앞선 것이다.[6] 시민들은 야당성 회복이라는 소리가 나오는 것에 기대를 걸고 야당 노릇 좀 제대로 하라고 신민당을 밀어주었다. 대중들의 지지에 고무된 신민당 대의원들은 "야투의 주장은 북괴통일혁명당의 소리 방송과 같은 것"이라고 야투를 격렬히 비난해온 이철승[7] 대신 선명야당의 깃발을 분명히 든 김영삼을 선택했다. 만약 신민당 당수가 여전히 중도통합론이나 읊고 있는 이철승이었다면, 양성우 시인이 "배고프고 예쁜 아가씨들"이라 부른 와이에이치(YH) 여성 노동자들[8]이 신민당사에 찾아가 농성하는 일도 없었을 것이고, 박정희의 죽음도 우리가 아는 형태로 찾아오지 않았을 것이다. 김영삼은 한때 유신 정권이 버거워하던 야당 총재였다. 유신 정권의 호위병들은 그의 총재직을 박탈한 데 만족하지 않고 김영삼을 의회에서 제명하기까지 했다. 과연 안철수나 김한길이 박근혜 정권에 조금이라도 부담스러운 존재였을까?

안철수나 김한길이 '중도' 노선이 아니라 차라리 제대로 된 '보수' 노선을 폈다면, 진보와 보수를 모두 아울러 지지세를 넓혔을 것이다. 우리 역사 속에도 그런 사례가 딱 한 번 있다. 집권 초기의 김영삼이다. 금융실명제 실시나 육군 참모총장과 보안 사령관의 전격 경질과 같은 하나회 척결 조치로 김영삼의 지지도는 90퍼센트를 넘었다. 서태지와 아이들을 능가하는 인기를 누렸다. 새정치민주연합이 어설프게 부자들에게 아부하는 정책을 내세운다고 그들이 새정치민주연합을 지지하기나 할까? 내가 부자라면, 새누리당과 어설프게 입장 바꾼 새정치민주연합 중 어디를 지지할까 생각해보면 답은 간단하다.

안철수는 중도 노선의 의미와 필요성을 잘못 이해하여 더할 나위 없이 좋은 정치적 기회와 자산을 다 날려버렸다. 모든 문제를 진영 논리로만 보는 새누리당에 불편해하는 양심적인 보

김영삼은 한때 유신 정권이 버거워하던 야당 총재였다. 1978년 12월 총선에서 신민당이 승리할 수 있었던 것은 그가 선명야당의 깃발을 분명히 들고 당수로 뽑혔기 때문이다. 우리 현대사에서 민주 진영이 제대로 싸워보겠다고 나서면 대중이 지지해주지 않은 적은 없다

수 세력, 한국 민주주의가 지역 구도를 극복하지 못한 것에 불편해하는 영남의 양심 세력에 안철수는 상당한 호소력을 가진 인물이었다. 한국의 수구 세력은 안철수가 보수적인 입장만 제대로 취해도 진보와 양심적인 보수 모두로부터 박수를 받을 수 있는 기회를 끊임없이 제공했다. 대통령 선거에 국정원이나 사이버 사령부 등 국가기관을 동원하여 개입하는 일이 다

시는 없도록 하는 것이 진보 세력만의 과제였을까? 증거를 조작하여 억울한 사람을 간첩으로 만드는 정보기관을 개혁하는 일이 과연 진보 세력만의 과제였을까? 대통령을 거북하게 했다는 이유로 검찰총장을 찍어내는 일을 중단하라고 촉구하는 일이 과연 진보 세력만의 과제였을까? 세월호 참사를 보며 국가기관의 참담한 무능을 바로잡고 다시는 이런 일이 되풀이되지 않도록 진상규명을 철저히 하는 일이 과연 진보 세력만의 과제였을까? 이런 문제를 책임 있게 제기하고 해결을 위해 노력한다고 안철수가 진보나 좌파가 되는 것은 아니지 않은가.

이런 중대한 문제에 대해 침묵한다는 것은 결국 악의 편에 서는 것이다. 안철수는 결정적인 순간에 아무것도 하지 않고, 아무 말도 하지 않고 가만있었다. 싸우지 않는 것이 중도가 아니다. 싸워야 할 때 싸우지 않는 것은 비겁함과 무책임일 뿐이다. 안철수는 일찍이 없었던 '안철수 현상' 속에서 화려하게 정치에 입문했다. '안철수 현상'은 안철수 개인에 대한 지지가 아니었다. 그것은 이명박 정권 5년 동안 촛불 시위와 두 대통령의 서거 등을 거치면서 진저리 날 정도의 무능을 보인 야당에 대한 거부였다. 안철수는 '새 정치'를 입에 달고 다녔지만 무엇을 위한 새 정치란 말인가? 정치에서 새로움 그 자체가 가치일 수는 없다. 안철수의 위기는 민주 진영 전체의 위기가 되어버렸다. 양자 잘못 들여 종갓집 사당이 무너진 꼴이다.

야당이 위기에 처했다 하면 나오는 처방이 '우클릭'이다. 그런데 한국 야당사에서 우클릭해서 야당이 회생한 적이 있었던가? 우클릭을 주장하는 이른바 전략통들에게 묻고 싶다. 박근혜 정권을 지지하는 세력, 뭉뚱그려 보수 세력이라 칭해지는 사람들이 정녕 어떤 사람들이냐고. 이 땅에 '강부자', '고소영'이라고 해보았자 넉넉잡아도 300만이다. 박근혜가 지난 대선에서 얻은 1,600만 표에서 이들 300만 표를 제하고 나면 나머지는 과연 누구인가. 이 구조를 외면한다면 바람 부는 대로 왔다 갔다 하는 부동표만 중요하고, 이 부동표를 겨냥한다면 우클릭 전략이 최소한도의 유효성을 지닐지도 모른다. 박근혜를 맹목적으로 지지하는 사람들의 절대다수는 비정규직이고 저소득층이다. 물론 지역 구도에 분단 이데올로기로 이중, 삼중으로 묶여 있다고 하지만, 이 상황을 정면으로 돌파하지 못한다면 민주개혁 진영의 미래는 암울할 수밖에 없다.

야당이 제 역할을 다하기 위해서는 싸워야 한다. 싸움에는 힘도 필요하고 기술도 필요하고 숫자도 필요하지만, 반드시 갖춰야 할 것은 이겨야겠다는 절박함이다. 과연 지금 새정치민주연합을 보며 민주주의의 후퇴를 막기 위해, 비정규직이나 청년 실업 문제의 해결을 위해, 아니면 세월호 사건으로 원통하게 죽어간 아이들과 유가족들의 한을 풀기 위해 당 차원에서 얼마나 절실하게 매달리고 있다고 느낄 것인가? 배 째라 하고 버티는 새누리당에 맞서 시민들이 이토록 간절히 원하는 것들을 위해 의회정치라는 장내에서 새정치민주연합 의원들은 얼마나 절실하게 임하고 있는가? 불행하게도 새정치민주연합이든, 구 민주당이든 이런 간절함에 답하지 못했다. 1969년 9월, 신민당이 스스로 해산한 적이 있다. 다른 정치 세력과 합당을 하는 과정에서 해산한 것이 아니다. 중앙정보부에 포섭되어 3선 개헌 지지로 넘어간 전국구 의원 3인의 의원직을 박탈하려고 이들을 제외한 의원들을 제명하고 당을 해산한 뒤 재조직했다. 당시 정당법에 따르면, 정당이 해산되면 소속 전국구 의원의 의원직은 자동 상실되나 그 의원이 당으로부터 제명을 당하면 의원직을 유지할 수 있었다.[9] 이 같은 당 해산이 편법이라면 편법일 수 있지만, 대중들은 편법을 탓하기보다는 신민당이 정말 절절하게 3선 개헌을 막기 위해 노력하고 있다고 인정해주었다. 겨우 40석 남짓한 의석을 가졌던 신민당은 물론 3선 개헌을 막아낼 수 없었다. 그러자 대중들은 1971년 8대 국회의원 선거에서 신민당 의석수를 89석으로 두 배나 늘려주었다.

우당 노릇 할 것인가, 야당이 될 것인가

광주 학살을 거치며 정권을 잡은 전두환 일당은 박정희가 5·16 군사반란 직후에 했던 짓 그대로 정치정화법이란 것을 만들어 유력한 야당 정치인들의 정치 활동을 금지시켰다. 그리고 안기부를 통해 말랑말랑한 사람들만 모아 민주한국당을 만들었다.

이북의 조선노동당에 맞서려면 여당과 야당이 갈라져 싸우기보다는 벗으로 지내야 한다며 '우당'이 되어야 한다고 강조했다. 제 역할 못 하는 관제 야당을 2중대라고 부르기 시작한 것도 이 무렵부터였다. 이번 재보궐 선거의 승리가 김한길과 안철수의 퇴진을 가져와 새누리당에 부담이 될 것이라는 분석 기사를 풍자와 야유로 알고 읽기 시작했는데 읽다 보니 그게 아니었다. 새정치민주연합 출범 이후 시중에 이런 얘기까지 돌았다. "근혜는 좋겠다, 한길이하고 철수 같은 친구가 있어서!" 안기부가 야당을 만들어주고 야당이 2중대 소리를 듣던 민한당 시절에도 "두환이는 좋겠다, (유)치송이가 있어서" 따위의 처절한 농담은 들어본 적이 없다. 새정치민주연합은 한국 야당 사상 가장 빼어난 우당이 되었던 것이다. 야당이 참패했는데 통쾌하긴 처음이라는 말까지 나왔다.

　1985년의 2·12 총선은 전두환의 우당을 뒤집어엎은 일대 사건이었다. 1중대 민정당과 2중대 민한당의 기대도, 숱한 정치평론가들의 예상도 대중들의 선택 앞에서 무참히 깨져버렸다. 민심의 거대한 폭발 앞에 민한당 간판으로 당선된 사람들도 대부분 선명야당의 깃발을 든 신민당(한번 쓴 정당명은 다시 써서는 안 된다는 희한한 법 때문에 신한민주당으로 등록하고 약칭을 전통적인 야당인 신민당으로 사용)으로 옮겨갔다. 11대 국회에서 82석을 자랑했던 민한당은 손쓸 사이 없이 사라져버렸다.[10] 2·12 총선의 돌풍은 김대중, 김영삼 양 김씨들만의 힘으로 이

뤄진 것은 아니다. 일반 시민들과 재야 민주 세력의 힘과 염원이 신민당을 살려낸 것이다. 아마도 그때부터로 보아야 할 것이다. 한국 야당사에서 "전통 보수 야당 한민당의 적통을 이어받은" 운운하는 말이 사라지기 시작한 때를. 한국의 야당이 태생의 한계, 출생의 비밀을 벗어나기 시작한 때를.

한국 야당사에서 또 하나 기억해야 할 대사건은 1990년 보수 대연합의 3당 합당과 1991년 분신 투쟁을 거친 뒤 1992년에 맞은 14대 총선이었다. 3당 합당으로 출현한 민자당은 국회 의석 299석 중 무려 221석, 비율로 치면 74퍼센트를 독식했다. 그러나 다음번 총선에서 시민들은 민자당에 149석, 민주당(평민당과 이른바 꼬마민주당이 총선 후 합당)에 97석을 주어 상당한 균형을 회복시켜주었고,[11] 다음번 대통령 선거인 1997년에는 역사상 처음으로 민주 진영에 정권을 넘겨주었다. 8대, 10대, 12대, 13대, 14대, 17대 총선에서 민주 진영이 제대로 싸워보겠다고 하면 대중이 지지해주지 않은 적이 없다. 대중들은 무엇이든지 할 수 있지만 딱 하나 할 수 없는 게 있다. 7·30 재보선 이후 정말 많은 사람들이 입을 모아 한 이야기지만, 이길 의지가 없는 당을 이기게 할 재주는 없다. 화타 편작이 살아와도, 허준이 환생을 해도 이미 숨넘어간 사람을 살려낼 수 없는 것처럼, 집권 의지가 없는 자들에게 권력을 넘겨줄 재주는 없다.

실패로부터 배워라

야당은 실패로부터 배워야 한다. 이젠 30년 군사독재가 만들어낸 김대중이나 김영삼 같은 카리스마 있는 인물이 또 나올수도 없고, 나와서도 안 된다. 하늘에서 또 새로운 인물이 뚝떨어져도 안철수보다 잘한다는 보장이 없다. 결국 무너진 집을 있는 자재로 재건하여 1년 반 남은 총선과 3년 조금 넘게남은 대통령 선거에 대비해야 한다. 남아 있는 분들은 다들 실패했었고, 다들 상처를 입었었다. 흠집이 좀 났다고 들보로, 기둥으로 쓸 재목을 도끼로 패서 군불이나 쬘 땔감으로 써서는 안 된다.

정동영은 2007년 대선 패배 이후 바닥을 기며 거기 '또 다른 세계'가 있다는 것을 발견하고 현재 당내에서 가장 진보적인 정치인으로 변신했다.● 대선 후보급 정치인으로서는 유례없는 변신이다. 그러나 그는 2009년 재보선에서 무리하게 전주에 출마했고, 그 부담으로 다음 선거에서 승산이 희박한 강남에 출마했다가 낙선함으로써 입지가 극히 좁아진 바 있다. 새누리당이 그의 동작을 출마를 가장 경계했다지만, 그는 당 지

● 정동영은 2015년 1월 11일 "야당성이 사라져 국민의 기대와 정권 교체의 희망을 발견하기 어렵게 됐다"며 새정치민주연합을 탈당하고 '국민의 눈물을 닦아주는 새로운 정치 세력의 건설을 촉구하는 국민모임'(약칭 국민모임)에 합류, 새로운 진보 정당 창당을 준비하고 있다.

도부의 집중적 견제로 명함도 내지 못했다. 광주을에서 깃발을 들었다가 모욕을 당한 천정배 역시 서울시장 출마가 결과적으로 오판이었고 대중성이 부족하다는 결함이 있지만, 내용으로 볼 때 민주 진영의 현역 정치인 중 그만한 잠재력을 가진 인물을 찾기 어렵다. 문재인 역시 지난 대선에서 실패했고 남북정상회담 회의록 정국에서 결정적인 실수를 하긴 했지만, 참 좋은 사람이다. 문제는 지난 대선에서 부족했던 2퍼센트를 어떻게 평가·분석하고 보완해내느냐는 것이다. 노무현의 정치적 상속자일 수밖에 없는 그는 노무현이 남긴 부채에 대해 노무현 자신이 반성한 것만큼 처절한 반성을 하고 있지 않은 것으로 보인다. 문재인은 태평성대의 민주국가 지도자로 아주 훌륭하겠다 싶지만, 지금 같은 난세에 박근혜 정권과 같은 지독한 집단에 맞서 민주주의를 회복할 지도자로서 적합한 인물인가 하는 점에서 여전히 회의적이다. 문재인은 개인의 인격적 고매함으로 많은 부분을 메울 수 있지만, 이른바 친노 그룹의 다른 정치인들은 그런 자산을 갖고 있지 않다. 지금 그들에게 노무현 대통령이 서거했을 당시 "우리는 폐족"이라던 절절함[12]이 얼마나 남아 있는가? 사실 노무현 대통령이 그렇게 스스로 정치적 존엄사를 택하지 않았다면, 지금 친노 정치인 중 금배지 달고 있을 사람이 누가 있었겠는가? 이제 오십 줄에 접어들어 더 이상 486이라 불리기도 민망해진 이른바 486 정치인들의 실패는 더욱 참담하다. 그들의 전성시대는 20대였다.

컴퓨터에서 286→386→486→586은 업그레이드를 상징하지만, 전성시대가 286이었던 정치인들에게 286→386→486→586은 노쇠만을 의미할 뿐이다. 그들은 거의 30년째 학생회장만 하고 있을 뿐, 새로운 모습을 보여주지 못했다. 새정치민주연합 내의 진정한 올드보이는 이들보다 10년쯤 위인 정동영, 천정배가 아니라 바로 이들이다. 당의 세대교체가 절실하다. 새정치민주연합이 뼈를 깎는 반성을 하겠다고 하자, 그때마다 진짜로 뼈를 깎았다면 뼈가 이쑤시개만 해졌을 것이라는 비아냥거림이 나온다. 뼈를 깎겠다고 하면서 다들 남의 뼈 깎을 궁리만 했다. 그것도 뼈도 없는 연체동물들이! 자신을 돌아보고 실패로부터 처절하게 배워야 한다. 그것만이 당도, 개인도 살길이다.

야당성과 호남정치의 복원을 위하여

무엇보다도 야당성을 회복해야 한다. 의석이 130석이나 되는 새정치민주연합에 없는 딱 한 가지가 야당성이다. 넘쳐났던 것은 우원식 의원이 지적한 대로 귀족주의였다.[13] 실력이 충분하지 않은 상태에서 아이엠에프(IMF) 외환위기 등이 겹치며 너무 빨리 여당이 되다 보니, 일은 못 하고 야당성만 잃어버렸다. 민주 정권 10년에 대중들의 지형은 아주 넓어졌지만, 정작 정치판에 남은 사람들은 투쟁의 근육을 잃어버렸다. 어쩌면 여당으로 정치를 시작한 사람들, 호남의 지역 구도 속에서 전국으로는 야당이지만 지역에서는 여당 노릇 한 당연한 귀결이었는지도 모른다. 이런 상황에서 새정치민주연합을 만들며 정강정책에서 4·19 혁명과 5·18 광주 민주화 운동, 6·15 남북공동선언과 10·4 남북정상선언 등을 삭제하겠다는 평지풍파는 당 지도부가 가진 역사의식에 대해 당 안팎의 민주진보 진영으로 하여금 근본적인 회의를 하게 만들었다. 이런 자세로 어떻게 수구 세력과의 역사 전쟁을 치를 수 있겠는가. 앞서 살펴본 바와 같이 투쟁성의 회복이 절실하다. 말로만 싸우는 것이 아니라 실질적인 성과를 거둘 수 있도록, 그리고 끝까지 싸워야 한다.

여러 가지 문제로 인하여 한국에서 대의정치는 늘 제대로 작동하지 않았다. 거리정치, 운동정치가 계속되는 이유는 바로 대의정치가 제대로 작동하지 않기 때문이다. 대의정치는 대중들의 현실 생활 속 문제를 국회로 가져와 대신 싸우고, 대신 논의하고, 대신 해결 방안을 마련하는 일이다. 당사자인 대중들은 국회의원들이 얼마나 절실하게 자신의 문제를 갖고 싸워주는가를 볼 것이다. 물론 국회의원들이 당사자의 절절함을 보여준다는 것이 쉬운 일은 아니다. 그러나 그 절절함을 보이지 않는다면, 시민들이 야당을 지지할 이유가 없다. 세월호 특별법 제정에서조차 절실함을 보이는 의원이 많지 않으니 말이다. 야당은 중도니, 우클릭이니 하는 망령에서 벗어나야 한다. 역사에서 보라, 야당이 언제 표를 얻었는가를. 중도 니, 우클릭이니 내세웠던 유진산, 이철승, 이택돈, 이택희 등등에 대한 역사적 평가가 어떤 것인가를. 야당성 회복은 민주주의 계승의 역사성, 민주주의를 위해 절실하게 싸우는 실천성, 그리고 일하는 사람들의 꿈을 담아내는 진보성의 강화에서 찾아야 한다.

당 앞에 놓인 시급한 과제는 호남정치의 복원이다. 천정배가 광주를 택한 것은 국회의원 한 번 더 하려는 의도가 아니었다. 천정배는 호남정치의 복원을 자신의 과제로 삼았던 것이고, 그 때문에 공천에서 배제되었다. 한국 야당사에서, 아니 한국 현대사에서 호남은, 특히 광주 이후의 호남은 단순히 하나의 지역이 아니다. 광주의 정신, 아무것도 안 하면 반드시 진다는 디제이(DJ)의 정신을 복원하는 것이 호남정치의 복원이다. 호남은 분명히 새정치민주연합을 거부했다. 지금 호남 정치인 중 역사적으로 광주 정신, 디제이 정신을 계승한 사람이 누가 있는가?

또 하나의 과제는 민주진보 진영의 단결이다. 동작을에서 노회찬이 패배했다고 단일화 무용론이 나오는데, 그것은 착각이다. 단일화는 승리를 위한 필요조건일 뿐이지, 충분조건이 아니다. 정치 공학에 따른 단일화가 아닌, 가치의 공유와 상호 신뢰에 기반을 둔 단일화가 필요하다. 진보 진영 역시 짧게는 지난 10년의 역사 속에서, 길게는 분단 70년의 역사 속에서 한국의 현실을 인정해야 한다. 민주노동당의 분열 사태 이후 어떤 일이 벌어졌던가? 왜 조봉암은 독자적으로 진보 정당을 만들기 전에 민주당 입당을 시도했던가? 이제 우리는 좀 더 장기적, 좀 더 전략적, 좀 더 현실적인 안목을 갖고 민주진보 진영의 재구성을 고민해야 한다. 7·30 재보선 성적표가 나오기 이전에는 정동영, 천정배 등 새정치민주연합 내의 진보적 정파가 떨어져 나와 심상정, 노회찬 등과 합치는 방안을 얘기하는 사람들도 많았다. 새정치민주연합의 변화 가능성을 높이 보지 않았기 때문이다. 새정치민주연합은 해체 수준의 개혁을 요구받고 있다. 벼랑 끝에 몰린 통합진보당 사태에 대해서도 민주진보 진영 전체가 자기 문제로 끌어안아 심각한 고민을 해야 한다.

《삼국지》에서 유비가 조조에게 패하여 먼 친척인 유표에게 얹혀 지낼 때의 일이다. 융숭한 대접을 받으며 놀고먹던 유비가 어느 날 뒷간에 가서 보니 허벅지에 몰라보게 살이 쪘다. 늘 전쟁터에서 말을 타고 다니느라 허벅지에 살이 붙을 겨를이 없었는데 편안하게 세월만 죽이다 보니 살이 오른 것이다. 유비의 탄식을 비육지탄(髀肉之嘆)이라 한다. 싸움의 근육을 잃어버린 것에 대한 탄식이다. 이 뼈아픈 자각을 하고 나니 유비의 눈이 비로소 천리마를 알아볼 수 있게 되었다. 유비가 천리마를 얻은 곳이 하필이면 신야(新野)다. 지금 우리 입장에서는 새로운 야당이라고 해석할 수도 있겠다. 민주주의 시대에 정치인들에게 천리마는 시민이다. 지금 자기 등에 말안장 얹어주길 바라는 시민, 제대로 된 정치인에게 기꺼이 자기 등을 허락할 시민은 한국 역사상 그 어느 때보다도 많다. 10년 전을 돌아보라. 역사의 기회는 생각보다 자주 온다. 싸움의 의지를 다지고 싸움의 근육을 회복할지어다. 신야를 달리는 천리마의 울음소리가 듣고 싶다.

주

1 세월호, 역사 그리고 책임

1 육군군사연구소, 《6·25 전쟁의 실패 사례와 교훈》(개정판), 육군군사
연구소, 2013, 78쪽.

2 위의 책, 89쪽.

3 중앙일보사 편, 《민족의 증언 1》, 중앙일보사, 1983, 38쪽.

4 위의 책, 144쪽.

5 위의 책, 150~151쪽.

6 국방부 전사편찬위원회, 《한국전쟁사 2》, 국방부, 1968, 250쪽.

7 채병덕에 대해서는 정해구, "채병덕-일본 육사 출신의 대한민국 참모
총장", 반민족문제연구소, 《청산하지 못한 역사 1》, 청년사, 1994, 228
~240쪽을 볼 것.

8 T. R. Fehrenbach, *This Kind of War*(1963, 2008), Dulles, Potomac
Books, p.104.

9 중앙일보사 편, 《민족의 증언 2》, 중앙일보사, 1983, 31쪽.

10 "비화 6·25 정일권 회고록(20)-영천을 사수하라, 피의 대회전 열
흘", 〈동아일보〉 1985.6.25.

11 허종호, 《조선인민의 정의의 조국해방전쟁사 1》, 사회과학출판사,
1983, 293쪽.

12 〈부산일보〉1950.7.30.; 국사편찬위원회,《자료 대한민국사 제18권》
　　1950년 7월 27일 자료에서 인용. 국사편찬위원회 한국사 데이터베
　　이스 http://db.history.go.kr/item/level.do?itemId=dh&setId=
　　381991&position=46

13 장택상 저, 장병혜·장병초 공편,《대한민국 건국과 나》, 창랑장택상
　　기념사업회, 1992, 90~91쪽.

14 "시민에 충심으로 사과", 〈동아일보〉1950.10.7.

15 "시민에게 드림-정부 대변인 담", 〈경향신문〉1950.10.9.

16 "시민에 충심으로 사과", 〈동아일보〉1950.10.7.

17 "왕성한 적개심으로", 〈동아일보〉1950.10.5.

18 김성칠,《역사 앞에서: 한 사학자의 6·25 일기》, 창작과비평사, 1993,
　　258~259쪽.

19 "무고한 시민을 괴롭히는 불법 사설 단체는 엄벌", 〈동아일보〉
　　1950.11.7.

20 "부녀자는 불구속 취조", 〈동아일보〉1950.11.22.

21 김성칠, 앞의 책, 252쪽.

22 中山正 저, 이창식 역,《악마의 손톱자국》, 미래문화사, 1983, 202
　　쪽; 6·25 이전 보도연맹을 지휘한 정희택 검사의 증언. 박원순, "전
　　쟁 부역자 5만여 명 어떻게 처리되었나", 〈역사비평 11〉, 1990, 177
　　쪽에서 재인용; 같은 내용의 증언이 중앙일보사 편,《민족의 증언
　　3》, 134~135쪽에도 실려 있다.

23 중앙일보사 편,《민족의 증언 2》, 79쪽.

24 "정부 수립 뒤 919명 사형… 사상·정치범 249명", 〈한겨레〉
　　2005.10.12.

25 〈서울신문〉1948.11.30.; 국사편찬위원회,《자료 대한민국사 제9권》
　　1948년 11월 27일 자료에서 인용. 국사편찬위원회 한국사 데이터베
　　이스 http://db.history.go.kr/item/level.do?itemId=dh&setId

=795700&position=48

26 미 국무부 한국 국내 상황 관련 문서 XIV(Records of the U.S. Department of State, Relating to the Internal Affairs of Korea); 한국전쟁 자료총서 52, 429~430쪽; 국사편찬위원회, 《자료 대한민국사 제19권》 1950년 12월 11일 자료에서 인용. 국사편찬위원회 한국사 데이터베이스 http://db.history.go.kr/item/level.do?itemId=dh&setId=388302&position=47

27 FRUS 1950, 1586~1587쪽; 국사편찬위원회 《자료 대한민국사 제19권》 1950년 12월 20일 자료에서 인용. 국사편찬위원회 한국사 데이터베이스 http://db.history.go.kr/item/level.do?itemId=dh&setId=388838&position=3

28 〈부산일보〉, 1950.12.29.: 국사편찬위원회 《자료 대한민국사 제19권》 1950년 12월 27일 자료에서 인용. 국사편찬위원회 한국사 데이터베이스 http://db.history.go.kr/item/level.do?itemId=dh&setId=388302&position=54

29 한국경찰사편찬위원회, 《한국경찰사 2》, 내무부 치안국, 1973, 547쪽.

30 유병진, 《재판관의 고민》, 서울고시학회, 1957, 76~78쪽.

31 위의 책, 124쪽.

32 "임시정부의 어머니 정정화", KBS 〈한국의 유산〉 76회, 방송 기간 2011.6.12.~6.18. http://www.kbs.co.kr/1tv/sisa/heritagekorea/vod/index,1,list,25.html

33 정정화, 《장강일기》, 학민사, 1998, 340쪽.

34 김창룡에 대해서는 김혜진, "일제 관동군 헌병에서 대한민국 특무부 대장까지", 반민족문제연구소, 《청산하지 못한 역사 1》, 청년사, 1994, 180~196쪽을 볼 것.

35 "백범 암살 김창룡 지시", 〈동아일보〉 1992.4.13.

36 〈중앙일보〉 2010.8.9. 10면.

37 조봉암의 피해대중을 위한 정치에 대해서는 서중석,《조봉암과 1950년대(하): 피해대중과 학살의 정치학》, 역사비평사, 2000을 참고할 것.

38 〈동아일보〉 1958.7.3.

39 〈동아일보〉 1958.7.6.; 1958.7.7.

40 〈동아일보〉 1960.2.16.

41 〈동아일보〉 1960.4.20.

42 〈동아일보〉 1961.12.16.; 〈경향신문〉 1968.8.28.

43 박종표에 대한 반민특위 재판 기록은 국한간행회,《반민특위 재판 기록 6》, 다락방, 1993에 수록되어 있다. 이 자료의 번역본으로는 정운현 편역,《(풀어서 본) 반민특위 재판 기록 1》, 선인, 2009이 있다.

44 〈동아일보〉 1949.8.20.; 〈경향신문〉 1949.8.20.

45 〈한겨레〉 2014.5.14.; 우병우는 2015년 1월 민정수석으로 승진했다. 〈한겨레〉 2015.1.24.

46 한국혁명재판사편찬위원회,《한국혁명재판사 제3집》, 한국혁명재판사편찬위원회, 1962, 215쪽.

47 한홍구, "판결 방패로 진실 눈감은 판사들의 쓴잔"(한홍구의 사법부-회한과 오욕의 역사, 54회), 〈한겨레〉 2010.6.12.

48 폴 F. 브레임 저, 육군본부 역,《위대한 장군 밴 플리트》, 육군본부, 2001, 458~466쪽.

49 T. R. Fehrenbach, 앞의 책.

50 한홍구, "이회영과 6형제",《난잎으로 칼을 얻다》(우당 이회영과 6형제 전 도록, 근간).

51 이응준,《회고 90년 1890~1981-이응준 자서전》, 선운기념사업회, 1982.

52 국방부 전사편찬위원회,《한국전쟁사 2》, 255~257쪽.; 〈동아일보〉 1950.11.2.

53 "네 명 전원 사표-인혁당 사건 담당 검사", 〈동아일보〉 1964.9.10.

54 한홍구, "연세대생 내란음모 사건과 안보수사 조정권"(한홍구의 사법부-회한과 오욕의 역사, 49회), 〈한겨레〉 2010.5.3.

55 도진순 주해, 《백범일지-백범 김구 자서전》, 돌베개, 1997, 221쪽.

2 간첩의 역사, 조작의 역사

1 간첩은 어떻게 생겨나는가

1 《과거와 대화, 미래의 성찰》 6권(학원·간첩편), 국가정보원 과거사건 진실규명을 통한 발전위원회 보고서, 2007(이하 《국정원 보고서-학원·간첩편》으로 줄임), 263쪽.

2 《대공 30년사》, 국군보안사령부, 1978, 460~467쪽.

3 비전향 장기수 김○○과의 4차 인터뷰, 1999년 12월 3일.

4 "부산지검 부장검사 한옥신 씨를 환문", 〈동아일보〉 1960.9.29.; "한옥신 검사 연금", 〈경향신문〉 1960.9.29.; "간첩 김동수는 법무차관 김영천 씨 실제", 〈경향신문〉 1960.10.8.

5 민가협 장기수 가족협의회, 《분단의 철창을 열고 이제는 하나가 되어야 합니다-장기복역양심수 실태 자료집》, 1992, 80쪽.

6 한승헌, "울릉도 간첩단 사건-이성희(외)", 《한승헌 변호사 변론사건 실록 2》, 범우사, 2006.; 최창남, 《울릉도 1974》, 뿌리와이파리, 2012.

7 〈한겨레〉 2015.1.27.

8 중앙일보 특별취재반, 《조선민주주의인민공화국 상·하》, 중앙일보사, 1992~1993. 이 책은 박병엽 지음, 정찬현·유영구 엮음, 《조선민주주의인민공화국의 탄생-전 노동당 고위 간부가 겪은 건국 비화》, 선인, 2010과 박병엽 지음, 정찬현·유영구 엮음, 《김일성과 박헌영 그리고 여운형-전 노동당 고위 간부가 본 비밀회동》, 선인, 2010으로

재간행되었다.

9 이선옥, 《정해룡 평전》(근간). 정춘상의 동생 정길상의 증언.

10 〈동아일보〉 1981.1.20.; 〈동아일보〉 1981.4.11.

11 "민주당 정권의 용공정책진상 4", 〈경향신문〉 1961.7.5.

12 "월북자 가족 간첩사건-송씨 일가 간첩사건", 《국정원 보고서-학원·간첩편》, 328~411쪽.

13 《국정원 보고서-학원·간첩편》, 413~415쪽.

14 "숨은 수범에 갈채-제13회 청룡봉사상 시상식", 〈조선일보〉 1979.3.18. 이근안은 이석우란 가명으로 이 상을 수상했다.

15 《국정원 보고서-학원·간첩편》, 533쪽; 655쪽,

16 〈경향신문〉 1980.5.24.

17 〈경향신문〉 1980.5.26.

18 〈동아일보〉 1980.5.31.

19 《대공판단(1981년도)》, 육군본부, 1981, 87~93쪽; 231~291쪽.

20 오연호, "광주 사태 선동 간첩 이창용은 조작됐다", 〈월간 말〉 1998년 10월호, 138~141쪽.; 오연호, "'80년 5월 체포된 '광주 간첩' 홍종수 육성 증언", 〈월간 말〉 1998년 11월호, 154~159쪽.; "보안문제연구소로 간 '남파 간첩' 홍종수", 〈월간 말〉 2004년 11월호, 207쪽.

21 "위장 귀순 김진모 사건", 《국정원 보고서-학원·간첩편》, 596~605쪽.

22 "윤태식 사건", 《국정원 보고서-학원·간첩편》, 613~615쪽.

23 "김옥분 여인 아파트서 변사체로 발견", 〈경향신문〉 1987.1.27.

24 "'윤태식 씨 사업 자금' 등 의문 증폭 주주 명부에 300여 명… 실소유주 추적", 〈조선일보〉 2001.12.22.

25 〈경향신문〉 2003.5.31.

26 "남한조선노동당 62명 구속 안기부 발표", 〈동아일보〉 1992.10.6.

27 "부부 간첩 체포 과정 '포섭'하려다 거꾸로 '덜미'", 〈한겨레〉

1997.11.21.; 〈동아일보〉 1997.11.21.

28 "'민혁당' 김영환 씨 깊이 반성-전향 오늘 공소보류 석방-전향 거부 3명은 구속 기소", 〈조선일보〉 1999.10.7.

2 간첩을 만드는 완벽한 방법

1 "중정-안기부 간첩 수사와 처리상의 문제", 《국정원 보고서-학원·간 첩편》, 637~665쪽.

2 "사상범 고문 괜찮다-최형우 장관 '말' 지 대담 파문", 〈한겨레〉 1993. 12.29.

3 최형우는 1975년 3월 18일 국회에서 자신이 당한 고문에 대해서 상세히 언급하며 고문방지법 제정을 강력히 촉구한 바 있다. "제9대 국회 제91회 제3차 국회 본회의 회의록", 1975년 3월 18일, 56~64쪽.

4 안기부, "간첩 심한식에 대한 항소심 간첩 혐의 무죄 선고 경위 등 확인 보고", 1987년 2월.

5 "월북자 가족 간첩 사건-송씨 일가 간첩 사건", 《국정원 보고서-학원·간첩편》, 405쪽.

6 "월북자 가족 간첩 사건-송씨 일가 간첩 사건", 《국정원 보고서-학원·간첩편》, 392~393쪽.

7 "일본 취업 간첩 사건-차풍길 간첩 사건", 《국정원 보고서-학원·간첩편》, 653쪽.

8 "지식인 포섭 사회혼란 책동", 〈경향신문〉 1982.9.10.

9 이재승, 《국가범죄》, 2010, 앨피, 449쪽.

10 위의 책, 427쪽.

11 "오진영 반공법 위반 조작 의혹 사건", 진실·화해를 위한 과거사 정리위원회 《2010년 상반기 조사 보고서 9권-6》, 133~161쪽. 특히 149쪽.

12 "일본 취업 간첩 사건-차풍길 간첩 사건", 《국정원 보고서-학원·간첩편》, 572쪽.

13 《과거사진상규명위원회 종합보고서 제3권-8개 사건 조사 결과 보고서(하)》, 국방부 과거사진상규명위원회, 2007, 228쪽.

3 간첩 조작의 훼방꾼들

1 〈조선일보〉 1958.6.26.

2 〈동아일보〉 1962.8.25.; 1962.9.22.; 1962.11.22.; 1962.12.14.

3 "경향신문 매각에 따른 의혹 사건", 《과거와 대화, 미래의 성찰》 2권 (주요 의혹 사건편 상권), 국가정보원 과거사건 진실규명을 통한 발전위원회 보고서, 2007(이하 《국정원 보고서-주요 의혹 사건편 상권》으로 줄임), 61~90쪽.

4 《국정원 보고서-학원·간첩편》, 312~313쪽.

5 "월북자 가족 간첩 사건-송씨 일가 간첩 사건", 《국정원 보고서-학원·간첩편》, 406쪽.

6 "원칙-소신 뚜렷한 대쪽 판사", 〈동아일보〉 1988.7.4.

7 안기부, "간첩 심한식에 대한 항소심 간첩 혐의 무죄 선고 경위 등 확인 보고", 1987년 2월.

8 김헌무 청문회, "제227회 국회 중앙선거관리위원회 위원 선출에 관한 인사청문특별위원회 회의록" 제2호, 2002년 2월 27일, 20쪽.

9 "선관위는 '폭풍 전야', 정국 파란 예고", 〈오마이뉴스〉 2007.6.6.; "김헌무 중앙선관위원 보수 시국선언 참여 물의", 〈한겨레〉 2004.9.15.

10 "북 동조 세력 통일전선 우려… 보안법 폐지는 무장해제-대법 이례적 판결문 파문", 〈한겨레〉 2004.9.3.

11 서석구, "부림 사건에 무죄를 선고했던 판사의 후회", 조갑제 편, 《악마의 변호인》, 2014, 조갑제 닷컴, 124~142쪽.

12 안기부, "태윤기 수임 공안 사범 현황(14명)", 1983.

13 "태윤기 변호사 제명 사건", 《과거와 대화, 미래의 성찰》 4권(정치·
사법편), 국가정보원 과거사건 진실규명을 통한 발전위원회 보고서,
2007(이하 《국정원 보고서-정치·사법편》으로 줄임), 508~519쪽.

14 "태윤기 변호사 제명 사건", 《법조 50년 야사》, 법률신문사, 2002,
225~234쪽.

15 "홍성담 씨 간첩 혐의 파기", 〈한겨레〉 1990.9.26. '반국가 단체 구
성원과의 지령 수수 관계'를 명확히 한 대법원 판결의 주심은 이회
창 대법관이었다.

3 내란 공화국, 대한민국

1 각하들도 피하지 못한 내란의 추억

1 윤찬영, "박근혜 잘못, 닉슨보다 100배 크다−한홍구 교수 '김기춘−남
재준 민중탄압 대비해야'", 〈오마이뉴스〉 2013.8.14.

2 "내일 사유 발표, 법사위 심문권 발동키로", 〈경향신문〉 1979.10.2.

3 "경무부 수사국장 최능진 씨 파면", 〈경향신문〉 1946.12.5.

4 "최씨 등록 말소, 선위에서 공식 발표", 〈동아일보〉 1948.5.9.

5 "여수 반군 소요는 최능진 사건의 여파", 〈동아일보〉 1948.10.23.

6 〈경향신문〉 1960.6.4.; 1960.6.5.; 1960.9.16.

7 〈동아일보〉 1964.5.19.; 1964.5.20.; 〈경향신문〉 1964.5.19.;
1964.5.20.

8 "김중태·현승일·김도현 공소장 전문", 〈경향신문〉 1964.6.18.

9 "내란 빼고 소요만 적용", 〈경향신문〉 1964.10.15.

10 〈경향신문〉 1964.6.18.; 〈동아일보〉 1964.9.22.

11 〈동아일보〉 1964.12.22.

12 "국군 장병에게 보내는 호소문", 〈경향신문〉 1965.8.27.

13 "한일협정에 반대하는 성명서", 〈동아일보〉 1965.7.14.

14 〈경향신문〉 1965.8.30.

15 "4 퇴역 장성 추가 공소장 요지", 〈경향신문〉 1965.9.8.

16 〈동아일보〉 1964.5.23.; 1965.5.19.

17 〈동아일보〉 1965.11.26.

18 "김두한 의원 석방 결의", 〈경향신문〉 1966.1.29.; "전원에 무죄 한독당 사건 선고", 〈경향신문〉 1966.9.17.

19 〈경향신문〉 1971.11.13.

20 "전 서울대생 내란음모 사건 전말", 〈다리〉 1972년 6월호, 179~181쪽.

21 위의 기사, 182~184쪽.

22 천호영, "조영래와 서울대생 내란음모 사건", 〈월간 말〉 1992년 3월호, 170쪽.

23 최종고, 《유기천-자유와 정의의 지성》, 한들출판사, 2006, 265~280쪽.

24 "윤필용 소장 징역 15년 선고", 〈경향신문〉 1973.4.28.

25 한국기독교교회협의회 인권위원회, 《1970년대 민주화 운동 1》, 1987, 258쪽.

26 위의 책, 255~257쪽.

27 《국정원 보고서-정치·사법편》, 355~371쪽.

28 "인민혁명당 및 민청학련 사건 진실규명", 《국정원 보고서-주요 의혹 사건편 상권》, 98~291쪽.

29 "명백한 내란음모죄", 〈매일경제〉 1975.2.22.

30 한홍구, "법관도 국민도 고통스러운 사법부 치욕의 과거"(한홍구의 사법부-회한과 오욕의 역사, 1회), 〈한겨레〉 2009.5.19.

31 "한민통을 반국가단체 인정", 〈경향신문〉 1977.10.29.

32 이해동·이종옥, 《둘이 걸은 한길 1-이해동·이종옥의 살아온 이야

기》, 대한기독교서회, 2014, 199~200쪽; 한승헌, "준법 서약서, 그
것은 큰 유혹이었다"(산민의 사랑방 증언, 50회), 〈한겨레〉 2009.3.17.

33 《국정원 보고서-정치·사법편》, 431~443쪽; 한홍구, "연세대생 내
란음모 사건과 안보수사 조정권"(한홍구의 사법부-회한과 오욕의 역사,
49회), 〈한겨레〉 2010.5.3.

2 제헌헌법과 진보적 민주주의

1 "손잡고 활동 보고-손을 내밀자 단비가 내렸어요", 〈한겨레〉
2014.9.6.

2 유진오, 《헌법해의》, 명세당, 1949, 11쪽.

3 위의 책, 52쪽.

4 황승흠, "근로자 이익 균점권의 탄생 배경과 법적 성격 논쟁", 〈노동
법연구〉 36, 2014년 3월, 9쪽.

5 "제1대 국회 제1회 제24차 국회 본회의 헌법안(제2독회) 국회 속기
록", 1948년 7월 3일, 10쪽.

6 전진한, 《건국이념》, 경천애인사, 1948, 42~43쪽.

7 유진오, 《헌법해의》, 178쪽.

8 위의 책, 183쪽.

9 유진오, 《헌법기초회고록》, 일조각, 1980, 26~31쪽.

10 "건국은 우리 민족사 가장 큰 기적… 보도 인정해야-주대환 사회민
주주의연대 대표가 보는 현대사 논쟁", 〈중앙일보〉 2013.4.10.

11 "제1대 국회 제1회 제24차 국회 본회의 헌법안(제2독회) 국회 속기
록", 1948년 7월 3일, 2쪽.

12 유진오, 《헌법기초회고록》, 30쪽.

13 위의 책, 30~31쪽.

14 유진오, 《헌법해의》, 177쪽.

15 유진오, 《신고 헌법해의》, 탐구당, 1952, 254쪽.

16 "제1대 국회 제1회 제24차 국회 본회의 헌법안(제2독회) 국회 속기록", 1948년 7월 3일, 10쪽.

17 신용옥, "제헌헌법의 사회·경제 질서 구성 이념", 〈한국사연구〉 144, 2009, 37쪽.

18 "제1대 국회 제1회 제17차 국회 본회의 헌법기초위원회의 보고 및 헌법안(제1독회) 국회 속기록", 1948년 6월 23일, 8~9쪽.

19 조선총독부 경무국장, "新韓靑年黨의 부흥에 관한 건", 〈高警〉 제1479호, 대정14년(1925년) 5월 4일: 국사편찬위원회 한국사 데이터베이스 http://db.history.go.kr/item/level.do?itemId=ij&setId=663688&position=9

20 《대한민국 임시정부 자료집 26권》, 국사편찬위원회 한국사 데이터베이스 http://db.history.go.kr/item/level.do?levelId=ij_026_0010_00260

21 황학수, "한국 혁명의 새로운 단계", 〈광복〉 제1권 제2기(1941.3.20.); 국사편찬위원회 한국사 데이터베이스 http://db.history.go.kr/item/level.do?itemId=ij&setId=665926&position=4

22 朝鮮民族革命黨文獻 第二號, 국사편찬위원회 한국사 데이터베이스, http://db.history.go.kr/item/level.do?itemId=kd&setId=666926&position=1

23 대한민국 임시의정원 제36차 임시의회 선언; 독립기념관 홈페이지 한국 독립운동사 정보 시스템 원문 이미지 서비스, http://search.i815.or.kr/ImageViewer/ImageViewer.jsp?tid=oo&id=5-001548-000&pid

24 "임시의정원 회의" 38회, 《대한민국 임시정부 자료집 4권》, 국사편찬위원회, 2005, 17쪽(조판본); 57쪽(영인본).

25 유진오, 《헌법해의》, 177쪽.

26 〈동아일보〉 1946.2.8.

27 〈동아일보〉 1945.12.8.

28 〈서울신문〉 1946.10.9.

29 〈동아일보〉 1949.7.17.

3 통합진보당 해산, 한국 민주주의의 회항

1 〈한겨레〉 2014.8.12.

2 "정파 대표, 총선 비례대표 출마 포기를—심상정 제안 놓고 민노당 계파 충돌", 〈한겨레〉 2007.12.29.

3 "진보당 등록을 취소, 25일 자로", 〈경향신문〉 1958.2.26.

4 제4대 국회 제35회 제33차 국회 본회의(1960년 6월 10일) 헌법개정안 제1독회 국회 속기록", 8~9쪽.

5 "제4대 국회 제35회 제33차 국회 본회의(1960년 6월 10일) 헌법개정안 제1독회 국회 속기록", 16쪽.

6 "사법부 독립의 자구 선언 대법원, 두 위헌 판결의 저변", 〈동아일보〉 1971.6.23.: "국가배상법 2조 1항—법원 조직법 59조, 대법원서 위헌 판결. '시비 5년' 매듭", 〈조선일보〉 1971.6.23.

7 〈동아일보〉 1973.3.19.

8 〈매일경제〉 1981.4.23.

9 "시련의 사법권(9)—헌법위 개점휴업 6년", 〈동아일보〉 1987.3.28.

10 김철수, "대통령 권한 분산 중재자 지위로: 직선개헌 지상 공청(1)", 〈동아일보〉 1987.7.2.

11 "'헌재 원조' 독일보다 훨씬 바쁜 한국 헌재—26살 헌법재판소, 내일을 묻다 ① 민주화의 결실… 국민 삶 속으로", 〈한겨레〉 2014.9.29.

12 "강병섭 서울중앙지법원장 뼈 있는 퇴임사 남겨 '外風 거세다 해도 사법권 독립해야'", 〈세계일보〉 2004.8.12. 사시 12회인 강병섭은

자신보다 고시 8년 후배인 여성 김영란이 대법관에 제청되자 사법
부에 대한 시민 단체의 영향력을 우려하는 발언을 통해 김영란이 대
법관으로 제청된 것을 비판했다.

13 "토지허가제 위헌 시비 파문", 〈매일경제〉 1989.1.16.; "토초세법,
   헌법 불합치", 〈동아일보〉 1994.7.30.

14 "수도 이전 위헌-행정수도특별법 위헌 결정문 전문", 〈동아일보〉
   2004.10.22.

15 국순옥, "헌법재판의 본질과 기능", 〈민주법학〉 11권, 1996, 30쪽.

4 김기춘뎐[傳] – 한국 사법 엘리트가 사는 법

1 정수장학회, 《정수장학회 30년지》, 1994, 272쪽; 286쪽.

2 한홍구, 《장물바구니-정수장학회의 진실》, 돌아온산, 2012, 125~
  130쪽; 208쪽.

3 김세환, "냉엄한 논리·따뜻한 가슴의 '미스터 법질서'-임기제 첫 검
  찰총장 김기춘 씨", 〈경향신문〉 1990.1.5.

4 〈동아일보〉 1965.2.16.

5 김세환, "냉엄한 논리·따뜻한 가슴의 '미스터 법질서'-임기제 첫 검
  찰총장 김기춘 씨", 〈경향신문〉 1990.1.5.에서 재인용.

6 최종고, 《유기천-자유와 정의의 지성》, 265~280쪽.

7 황방열, "유신헌법은 박정희가 구상하고 신직수·김기춘이 안을 만들
  었다", 〈오마이뉴스〉 2001.12.9.

8 위의 기사.

9 〈중앙일보〉 1973.4.3.

10 〈경향신문〉 1973.4.2.

11 〈경향신문〉 1981.4.27.

12 〈동아일보〉 1974.12.20.

13 김기춘, "'자칼의 날'로 문세광에게 자백받았다", CBS 〈시사자키 오늘과 내일〉, 2005.1.21 방송.

14 위의 자료.

15 노승일과의 인터뷰, 2009년 9월 21일. 노승일은 당시 부산대 정외과 3학년에 재학 중이었는데, 이 사건에 연루되어 징역 7년을 구형받고 2년을 선고받아 옥고를 치렀다.

16 김남일, "박정희 때나 지금이나 똑같아", 〈한겨레21〉 제885호, 2011.11.14.

17 한홍구, "오지 않는다, 다만 만들어질 뿐이다-간첩의 추억(2) 재일동포 간첩 사건", 〈한겨레21〉 제523호, 2004.8.26.

18 〈중앙일보〉 1975.11.22.

19 부마민주항쟁기념사업회 외 편, 《부마민주항쟁 10주년 기념 자료집》, 부마민주항쟁기념사업회, 1989, 134쪽; 147쪽; 189쪽.

20 김남일, 앞의 기사.

21 박철언, 《바른 역사를 위한 증언 1》, 랜덤하우스중앙, 2005, 93~95쪽.

22 황호택, "오뚝이 김기춘 실장의 마지막 공직", 〈동아일보〉 2013.8.15.

23 황호택은 이 사건이 신문에 한 줄도 나지 않았다고 했지만, 당시 〈경향신문〉은 대대장 등 국군 장병 두 명의 '납북' 사건을 1면 톱으로 보도(1977.10.26.)했고, 〈동아일보〉도 다음 날 신문에 "피랍장병을 즉각 송환하라"는 제목의 사설을 게재하는 등 며칠에 걸쳐 비중 있게 보도한 바 있다.

24 황호택, 앞의 기사.

25 〈매일경제〉 1981.4.25.

26 박철언, 앞의 책, 93~95쪽.

27 〈경향신문〉 1990.1.5.

28 〈동아일보〉 1988.12.5.

29 〈경향신문〉1988.12.5.

30 박철언, 앞의 책, 95쪽; 345쪽.

31 〈한겨레〉1988.12.3.

32 〈경향신문〉1997.8.27.

33 〈매일경제〉1994.2.7.

34 김이택, "퇴임하는 첫 임기제 총장 김기춘 씨", 〈한겨레〉, 1990.12.5.

35 김지하, "젊은 벗들! 역사에서 무엇을 배우는가-죽음의 굿판 당장 걷어치워라", 〈조선일보〉1991.5.5.

36 〈동아일보〉1991.5.27.

37 안홍기, "국과수 '김기설 유서, 강기훈 대필 아님' 결론 낸 듯", 〈오마이뉴스〉2013.12.12.

38 "투병 중인 '한국의 드레퓌스' 강기훈", 〈뉴스타파〉24회, 2012.8. 31. 방송.

39 〈동아일보〉1992.12.17.; 〈한겨레〉1992.12.17.; 〈한겨레〉1994.12.17.

40 "김기춘 씨 노골적으로 해도 검찰 양해 경찰청장 양해라니… 내가 더 떠든다-부산 관계기관장 대선대책회의 녹취록", 〈한겨레〉1992.12.16.

41 "김기춘 씨 불구속 기소될 듯", 〈경향신문〉1992.12.29.

42 〈한겨레〉1993.3.18.; 〈한겨레〉1993.4.28.

43 김정훈, "김기춘 씨 아전인수 법리", 〈동아일보〉1993.3.20.

44 한홍구, "법비의 난", 〈한겨레〉2009.2.2.

45 한홍구, "마술피리 소리가 들리는구나", 〈한겨레21〉제501호, 2004.3.25.

46 윤성효, "권철현·정형근 이어 김기춘도 '불출마 선언'", 〈오마이뉴스〉2008.3.21.

47 황호택, 앞의 기사.

48 홍진수, "김기춘 비서실장의 첫 브리핑은 '윗분의 뜻을 받들어'…
    '올드보이'의 본능", 〈경향신문〉 2013.8.7.

49 〈동아일보〉 1990.12.5.

5 역사로 본 전작권

1 박성수 외, 《현대사 속의 국군: 군의 정통성》, 전쟁기념사업회, 1990,
    317~342쪽.

2 "군무부 군사 보고", 1943년 10월 27일; 《대한민국 임시정부 자료집
    6권》, 국사편찬위원회 한국사 데이터베이스 http://db.history.go.kr
    /item/level.do?itemId=ij&setId=721744&position=0

3 임시의정원 회의 제35회(1943.11.) 의사록; 《대한민국 임시정부 자료
    집 3권》, 국사편찬위원회 한국사 데이터베이스 http://db.history.go.
    kr/item/level.do?itemId=ij&setId=722962&position=1

4 위의 자료.

5 위의 자료.

6 위의 자료.

7 "대사관도 '공짜로' 문화원도 '공짜로'", 〈한겨레〉 1988.9.2.

8 "'똥별'과 '대똥별'"(곽병찬 대기자가 박근혜 대통령에게 보내는 편지 79),
    2014.10.27. http://www.hani.co.kr/arti/politics/defense/
    661555.html

9 "국무부 기밀문서 드러나 - 美, 朴대통령 과음 우려", 〈한국일보〉
    2001.1.30.

10 채명신 장군과의 인터뷰, 2000년 10월 15일, 채명신 장군 자택.

11 채명신, 《베트남 전쟁과 나 - 채명신 회고록》, 팔복원, 2014, 147쪽.

12 "새 논란 국군 작전지휘권", 〈동아일보〉 1966.8.27.

13 "국군 지휘권 협정 - 폐기 건의안 제출", 〈동아일보〉 1966.10.29.

14 "미와 대간첩 작전권 이양 교섭", 〈동아일보〉 1969.1.1.

15 "주한 UN 군사 해체안 제출-서방 6국", 〈동아일보〉 1975.6.28.

6 어제의 야당

1 "안철수, 발목 잡는 정당의 이미지 없앴다", 〈뷰스앤뉴스〉 2014.7.10.
http://www.viewsnnews.com/article/view.jsp?seq=112291

2 "중도통합론 추구 이 대표 회견 초당·거국적 자세를", 〈경향신문〉
1976.9.17.; "중도통합론 싸고 공방전", 〈경향신문〉 1977.4.4.

3 "야당성 회복 전국대회 구당 선언-신민 현 지도부 거부", 〈경향신문〉
1977.12.12.

4 "중도통합에 반대… 야당성 회복 동지회를…", 〈동아일보〉 1977.4.16.

5 "與는 지금 '난닝구' 논쟁중-난닝구들은 민주당으로 돌아가라: 강
경파, 文의장 등 실용파 빗대 비난", 〈조선일보〉 2005.5.9.

6 "신민 득표율에서 공화 앞질러", 〈동아일보〉 1978.12.13.

7 "야투 보도를 삼가 달라", 〈경향신문〉 1979.1.26.

8 양성우, "그대 못다 부른 슬픈 노래를-K양의 죽음에 붙여", 채광석
편, 《노동시선집》, 실천문학사, 1985, 214쪽. K양은 YH 사건 당시 사
망한 김경숙이다.

9 "신민당 해산", 〈동아일보〉 1969.9.8.

10 "민한당 끝내 자체 붕괴", 〈경향신문〉 1985.4.3.

11 "국민 돌풍 3당 체제로" 〈경향신문〉 1992.3.26.

12 "비통한 안희정-친노는 벼슬할 수 없게 된 가문", 〈오마이뉴스〉
2007.12.26.

13 우원식, 당이 귀족주의 빠져… 새정치, 진로 놓고 백가쟁명", 〈경향
신문〉 2014.8.2.

역사와 책임

© 한홍구 2015

초판 1쇄 발행 2015년 4월 6일
초판 7쇄 발행 2020년 8월 27일

지은이 한홍구
펴낸이 이상훈
편집인 김수영
본부장 정진항
인문사회팀 권순범 김경훈
마케팅 천용호 조재성 박신영 조은별 노유리
경영지원 정혜진 이송이

펴낸곳 한겨레출판(주) www.hanibook.co.kr
등록 2006년 1월 4일 제313-2006-00003호
주소 서울시 마포구 창전로 70 (신수동) 한겨레신문사 5층
전화 02-6383-1602~3 **팩스** 02-6383-1610
대표메일 book@hanibook.co.kr

ISBN 978-89-8431-892-2 03900